Baltasar Gracián

사람을 얻는 지혜

인간관계가 어려운 당신에게

발타자르 그라시안 지음

다른
상상

발타자르 그라시안(1601~1658)은 17세기 스페인의 철학자이자 신학 교수로 《현자론》 《영웅론》 등 수많은 저서를 남겼다. 이 책은 지혜의 대가로 불리는 그가 남긴 저서들 중 최고의 명작이라 할 수 있다.

그라시안이 살았던 17세기의 스페인은 무적함대를 보유하고 있었지만 세계를 제패한 대제국의 영화로운 시기를 지나 쇠락길에 접어들고 있었다. 부정부패가 팽배하고 권모술수가 난무하는 시대적 상황 속에서 그라시안은 단지 설교만 늘어놓지 않았다. 종군신부로서 카탈루냐 전장을 종횡무진하며 병사들에게 큰 위안과 힘을 주었고, 그가 가는 곳마다 승리를 거두면서 병사들은 그를 '승리의 신부'로 지칭했다.

그는 그렇게 용기와 지혜를 아낌없이 발휘하고 또 나누어주며 세상을 살아갔다. 마음뿐만이 아니라 자신의 육신도 정의를 위해서라면 기꺼이 내던질 수 있는 용기도 있었다. 언제나 좋은 사람, 빈틈이 없고, 있는 그대로의 자신을 내보이며 현실적인 삶을 살아가기 위한 방법을 제시한 그라시안의 철학은 현재를 사는 우리에게도 변함없이 적용된다.

일반적으로 '인생론'을 다루는 책들에서 제시하는 것들은 때때로 애매모호하거나 이상론에 머물러 읽고 난 후에 기억 저편으로 사라지기 일쑤다. 하지만 이 책은 공허한 말이 아닌 인간 본성과 관계의 본질을 꿰뚫고 어떻게 하면 실생활에 도움이 될 수 있을까에 주안점을 둔 '인생 실전 가이드'의 역할을 한다.

그것이 가능한 이유는 바로 그라시안에게 있다. 그는 모두가 이야기하는 '참되고 올바른 길'을 말하지 않으며 철저한 현실주의자의 입장에서 단호한 조언을 건넨다. 사람과 세상에 대한 깊은 통찰을 바탕으로 관계, 성공, 태도에 대해 다루며 사람들을 적이 아닌 내 편으로 만드는 방법, 작은 노력으로 최대의 성과를 올리는 방법, 자신을 한층 고양시키는 방법, 행운을 손에 넣는 방법 등 인생의 심리전에서 한발 앞서 나가는 방법을 구체적으로 제시한다.

그라시안의 시선은 세상과 나를 직시하는 지혜를 안겨주고, 일상의 작은 문제에서 인생의 최대 고민까지 최고의 해답이 되어준다. 이 책에 나오는 모든 지혜를 일상의 체크리스트이자 인생의 나침반으로 삼아 원하는 삶을 살아가기를 바란다.

차례

1장

삶의 무기가 되는
관계의 지혜

그 어느 곳에서도
필요한 존재가 되는 법

'다른 사람이 의지할 수 있는 사람'이 되는 것은 중요하다.

현명한 사람은 남들에게 '고마운 존재'가 되기보다 '필요한 존재가 되고자 한다. 다른 사람이 부탁을 한다고 무엇이든 흔쾌히 받아들이면 당장은 고마워하지만 그런 고마움은 금세 잊힌다. 샘물로 갈증을 해소한 사람이 이내 샘을 등지고 떠나듯이 말이다.

그러니까 상대가 당신에게 고마워하기보다 기대하고 의지하게 만들어라. 기대감이 사라지면 호의도 고마움도 순식간에 사라져버리기 마련이다. 감사받는 것보다 기대감을 주는 편이 훨씬 더 큰 수확을 얻을 수 있다.

먼저 호의를 표하고
먼저 배려하라

사람들에게 호감을 얻으려면 자연스럽게 되는 부분도 있지만, 사실은 노력을 차곡차곡 쌓아가는 과정이다. 평소에 다른 사람에게 호의를 표하고, 배려하며 관계를 돈독하게 만들어가는 것이다. 먼저 작은 호의를 보이고, 먼저 친절한 한마디를 건네는 것부터 시작하면 된다. 그런 아주 작은 배려를 통해 지금보다 훨씬 높은 평가를 얻을 수가 있다. 한번 좋은 평가를 얻으면 그다음은 더 쉬워진다. 세상의 평판이라는 것은 무시할 수 없다. 근거 없는 단순한 소문이 사회적인 신용을 좌우하는 일조차 있다. 평소에 다른 사람의 호감을 얻기 위한 노력을 아껴서는 안 된다.

사람의 마음을 끌어당기는
신비한 자석

타고난 매력을 가지고 있는 사람은 애를 쓰지 않아도 다른 사람의 마음을 사로잡는다. 그러나 예의가 없거나, 절도를 지키지 않고 행동하면 하나둘 떠나간다. 인의를 갖추고, 예의를 다하고, 지성을 갖추어야 사람들을 끌어당길 수 있다.

타고난 매력이 있다면 그 자체로 운이 좋은 사람이지만 스스로 내면의 매력을 찾아내 갈고닦을 수 있다. 특히 유머는 가장 좋은 매력이다. 긴장된 분위기 속에서 가볍게 던진 유머가 분위기를 부드럽게 할 수 있다. 중대한 문제를 의논할 때 사람들은 지쳐간다. 지친 몸과 정신 상태로 의논을 계속해도 여간해서는 좋은 해답을 이끌어낼 수 없다. 이런 정체된 상태에서 유머를 생각해내는 것은 마음에 상당한 여유가 있지 않고서는 어렵다. 마음의 여유야말로 사람의 마음을 끌어당기는 신비한 자석인 것이다.

달콤한 말이
사람의 마음을 녹인다

늘 부드럽고 달콤하게 말하라. 날카로운 화살이 몸을 관통하듯 날카로운 말은 영혼을 관통한다. 달콤한 것을 먹으면 입에서 달콤한 향이 나는 것처럼, 부드러운 말 한마디로 좀처럼 풀릴 것 같지 않던 갈등이 풀리고, 내게 적대적이었던 사람의 마음을 한순간에 녹일 수 있다. 상대방을 내 편으로 만들 수 있는 가장 빠르고 쉬운 방법이다. 그러니 항상 입속에 달콤한 말을 담고 있어야 한다.

반대하는 사람에게
귀 기울여라

사람들에게 박수받는 것은 기분 좋은 일이다. '대단하다'는 말은 들으면 들을수록 자신감을 북돋는다.

그러나 언제까지 그런 기분 좋은 상태에 도취해 있으면 안 된다. 오만함의 늪에 빠지면 바닥으로 추락하는 대가를 치른 뒤에야 빠져나올 수 있다. 많은 것을 잃고 도태되어 사람들에게 박수는커녕 비웃음거리도 되지 못한다. 그렇게 되기 전에, 박수를 받을 수 있을 때 그 반대 의견에 귀 기울이며 자신을 돌아봐야 한다.

그리스 철학자 플라톤은 자신의 제자 중에서 유일하게 아리스토텔레스를 인정했다.

아리스토텔레스는 플라톤의 제자인 동시에 가장 엄격한 비평가였기 때문이다.

스스로 생각할 시간을
반드시 확보하라

'생각하는' 행위를 게을리해서는 안 된다. 그다지 중요하지 않은 일은 물론이고 중요한 일에 대해서는 몇 번이고 반복해서 숙고해야 한다. 스스로 명확한 결론이 나지 않는다면 신속한 결정을 압박받아도 잠시 미루는 게 최선이다. 최대한 상대방의 관심을 다른 데로 돌려 생각할 시간을 확보하라. 그러면 발견하지 못했던 새로운 근거들이 마련되어 결론에 힘이 실린다.

어떤 일의 본질을 파악하지 못한 채 섣불리 결론지어 후회하는 것만큼 어리석은 일은 없다. 또, 눈앞에 있는 것을 수박 겉핥기 식으로 판단하는 안일한 자세는 개선해야 한다. 그렇지 않으면 사물의 본질을 파악할 수 없다. 상대방의 말 이면에 감춰진 본심을 읽어낼 수도 없다. 만사를 저울에 달아서 숙고하고 상상력을 발휘해서 모든 상황을 상정하고, 반복해서 검토해야 한다. 조금의 애매모호함도 남기지 않으려는 자세가 최고의 결과를 낳는다.

아무리 현명한 사람이라도
조언이 필요하다

사람을 쉽게 믿는 것은 어리석은 일이다. 그러나 사람을 의심하고 멀리하는 것 또한 어리석은 일이라는 것을 알아야 한다.

그중에서도 다른 사람의 말에 귀 기울이지 않는 사람이 제일 어리석다. 아무리 현명한 사람이라도 진심 어린 충고에는 귀를 기울여야 하며, 제왕이라고 해도 충직한 신하의 직언은 흔쾌히 받아들여야 한다.

또, 친구에게도 솔직히 충고하고 비판할 수 있는 여지를 먼저 주어야 한다. 그것은 그 친구를 존중한다는 증거다. 자신의 마음 깊은 곳에는 진정한 친구를 거울로 두고, 거기에 자신을 비추어야 한다. 그것이 잘못을 멀리하고 바른길로 향하는 방법이다.

겉모습이 먼저다

외관을 꾸미는 것과 내면을 단련하는 것 중에 어느 쪽이 중요한지 물으면 후자라고 답하는 사람이 압도적으로 많을 것이다. 그러나 사물의 본질을 바로 간파할 수 있는 사람은 드물고, 대부분 먼저 외관부터 판단한다. '본질'은 눈에 보이지 않지만 '외관'은 눈에 보이기 때문이다.

흔히 '사람을 겉모습으로 판단해서는 안 된다'고 말한다. 그러나 가장 중요시되는 판단 재료는 역시 '겉모습'이다. 먼저 외관을 깔끔하게 정돈해서 다른 사람에게 좋은 첫인상을 심어줘야 하는 이유다. 내면과 본질을 어필하는 것은 그다음이어도 좋다.

사람들은 재능보다
땀에 호의를 보인다

사람들은 타고난 재능을 발휘해서 성공을 이룬 천재를 칭송하지만 실제로는 자신과 너무 먼 존재이기 때문에 더는 다가가려고 하지 않는다.

그러나 피땀 어린 노력의 결과로 성공을 거둔 사람에게는 친근감을 느끼고 호의를 품는다. 사람은 '재능'보다 '땀'에 호의를 보인다. 천부적인 재능이란 토대와 같은 것으로, 끊임없는 노력을 더해야 비로소 훌륭한 건축물을 완성할 수 있다. 그것이 사람들로부터 인정을 받는 성공한 사람의 모습이다. 단, 그렇게 되기 위해서는 자기 혼자만의 힘으로는 한계가 있다. 사람들에게 사랑받고 성원을 받아야 꽃을 피울 수 있다는 것을 잊어서는 안 된다.

상대가 거절하지 못하게
만드는 요령

어떤 일을 '부탁하기 쉬운 사람'과 '부탁하기 어려운 사람'이 있다. 싫다고 말하지 못하는 착한 사람이라면 쉽지만 부탁하기 어려운 사람에게는 기교가 필요하다. 가장 먼저 상대가 기분이 좋을 때를 노려야 한다.

단, 처음부터 이쪽의 의도를 알아차리게 해서는 안 된다. 상대가 한 수 위인 경우는 이쪽이 말을 꺼내기 전에 재빨리 거절해버리기 때문이다.

또, 상대가 일언지하에 거절하지 않게 하려면 사전에 조금 공을 들이는 것도 좋다. 상대가 거절하려고 해도 할 수 없는 상황을 만드는 것이다. 상대가 양심적일수록 그 효과는 크다. 이 기교는 한 조각의 양심도 없는 사람에게는 통용되지 않는다. 그러니 처음부터 그런 사람에게는 중요한 부탁 자체를 하지 않는 편이 좋다.

지혜로운 이는 어리석은 척하고
어리석은 이는 지혜로운 척한다

어리석음을 이용할 줄 알라. 지혜로운 이는 어리석음을 이용할 줄 안다. 실제로 어리석고 무지해서는 안 되지만 때에 따라서는 그런 척을 하는 것도 필요하다. 무지한 자들에게 지혜롭게 대하고, 현명한 자들에게 어리석게 구는 건 아무런 도움이 되지 않는다. 상황에 따라서, 상대방에 따라서 언어와 생각을 달리하라.

일부러 어리석은 척하는 사람이 어리석은 것이 아니라, 흐름을 읽지 못하고 어리석은 척하지 않는 사람이 진정 어리석다. 더 큰 것을 얻기 위해서는 지혜를 숨기고 어리석은 척할 줄도 알아야 한다.

끌려다닐 것인가,
중심을 잡을 것인가

독재자는 자기 마음대로만 하거나 자신이 신임하는 사람의 말만
듣는다. 조금도 양보하지 않고 조금도 손해 보려고 하지 않는다.
오직 자신의 직감만을 믿기 때문에 그것이 잘못되면 한순간에 무
너져버린다. 그래서 자신을 믿되, 다른 사람의 말도 들어야 하는
것이다. 하지만 이것이 지나치면 자신이 신임하는 사람의 말만
맹목적으로 듣게 되기도 한다. 자신을 위하는 일이라고 판단해서
행한 일들이 오히려 자신을 빈껍데기로 만들어버리는 것이다. 끌
려다닐 것인가, 중심을 잡고 설 것인가 이 둘 사이의 균형을 유지
하는 일이 중요하다.

비밀이 하나도 없는 관계는
위험하다

아이에게도 부모에게 말하지 못하는 비밀이 있다. 아무리 친한 친구라도 모든 것을 털어놓는 것은 바람직하지 않다. 의도한 것이 아니더라도 사소한 실수로 인해 드러나는 경우도 있다.

또한, 다른 사람에게 모든 것을 밝히는 사람은 상대도 똑같이 해주지 않으면 뭔가 모르게 손해를 보는 듯한 기분이 들어서 편치 못하다. 결국에는 인간관계에 금이 가기도 한다.

비밀을 말할 때에는 비밀의 성질에 따라 털어놓는 상대를 구분하라. 한 사람에게 어떤 비밀은 전부 밝히는 동시에, 다른 비밀은 전부 감춘다. 이것은 결국 자신의 비밀을 전부 밝히는 동시에 전부 숨기는 것이 된다.

친밀함을 가장한 무례함을
조심하라

친밀한 관계에서 조심해야 할 것은 바로 거리를 지키는 것이다. 너무 허물없는 사이로 지내면 지켜야 할 예의의 경계가 흐려진다. 친밀하다는 이유로 주고받는 말과 행동이 무례함의 정도를 넘어서는 경우가 많다. 그러한 관계는 조용한 결별도 할 수 없이 파국으로 치닫는다. 또한 세상에는 말했을 때 좋은 것보다 말하지 않았을 때 좋은 것이 더 많다. 괜히 비웃음당하거나 이용당할 거리를 던져주지 말라.

보이지 않으면
인정받지 못한다

묵묵히 일하는 사람은 다른 사람이 알아주기까지 오랜 시간이 걸린다. 수동적으로 발견되기를 바라지 말고 자발적으로 보이게끔 행동하라. 사람들은 실체보다 보이는 것으로 판단한다. 그 모습이 대단히 유능하다면, 그것이 실제 나의 능력이라면 더할 나위 없다. 보이는 곳에서만 행동하라는 말이 아니다. 보이는 모습을 통해 나를 드러낼 기회를 만들라는 것이다. 외면을 잘 가꾸는 것이 곧 내면을 보여주기 위한 방법임을 기억하라.

신중하게 생각하고
신속하게 행동하라

내일로 미루지 않고 바로 실행하는 사람이 성취를 얻는다. 다만, 실행 이전에 신중하게 생각한 것들이 바탕되어야 한다. 냉철한 이성으로 세심하게 숙고한 것을 곧바로 실행으로 옮기는 것이다. 어리석은 자들은 생각도, 행동도 미룬다. 현명한 자들은 생각이 지나쳐 행동하지 못한다. 그리하여 신중함과 신속함이 겸비되어야 하는 것이다. 로마 황제 아우구스투스는 '천천히 서두르라'고 말했다. 그것이 정답이다.

성공가도를 달릴 때
주변을 챙겨라

성공가도를 달릴 때는 주위에 온통 호의가 가득하다. 모두가 나의 친구가 되고 싶어 한다. 하지만 영원한 성공가도란 없다. 인생의 곡선은 정점을 찍은 후에는 다시 내리막길을 그린다. 겨울을 위해 곡식을 비축해두듯 그때를 위해 대비해두어야 하는 것이다. 따라서 성공가도를 달릴 때 주변을 잘 챙기고 관계를 돈독히 다져두어야 한다. 내가 성공가도에서 내려왔을 때 그들이 곁에 있어줄 것이다.

오늘의 벗이
내일의 적이 될지 모른다

벗을 지나치게 사랑해서는 안 된다. 적을 지나치게 미워해서도
안 된다. 애정도 증오도 적당히 유지하는 것이 지혜다.

오늘의 벗도, 내일은 최대의 적이 될지 모른다. 생각하고 싶지 않
지만 이 세상에서 이런 일은 실제로 일어난다. 그러한 일도 미리
머릿속에 넣어두고서, 친구를 신뢰하며 사귀면 좋다.

반대로 현재의 적에 대해서는 항상 화해의 가능성을 남겨두어야
한다. 현명한 사람은 적을 진심으로 미워하지 않는다. 어제의 적
이 오늘의 좋은 친구가 되거나 최악의 적이 가장 신뢰할 수 있는
자신의 편이 되는 일도, 절대로 드문 일이 아니다.

목에 걸린 가시처럼
굴지 말라

다른 사람의 의견에 생각이 다르다면 그 자리에서 반대하는 것은 정당하다. 그러나 반대를 위한 반대여서는 안 된다.

머리가 좋고 관찰력이 뛰어나며 비판 정신이 풍부한 사람은 타인의 의견을 잘 따르지 않고, 작은 잘못도 놓치지 않는다. 흠집을 찾아내서는 고치라고 말하고, 때로는 아주 사소한 것까지 문제를 삼고 지적한다.

맛있는 요리를 먹을 때 생선 가시가 목에 걸리면 굉장히 곤란하다. 그와 마찬가지로 유쾌한 대화 중에 시시한 반대나 항변은 그 자리의 분위기를 한순간에 흩뜨려버린다.

이래서는 아무리 머리가 좋다고 해도 현명하다고는 할 수 없다. 이런 어리석은 행동을 계속하면 어느 순간 모든 사람을 적으로 두게 된다.

나쁜 소문의 먹잇감이
되지 않아야 한다

남보다 뛰어난 것에는 나쁜 소문이 따른다. 사람들은 본질을 바로 보지 않고 비틀어 보려는 경향이 있다. 명성이 있다면 더 쉽게, 더 빨리 소문과 나쁜 평판이 따라붙는다. 가치를 저하시키는 소문이 퍼지면 제아무리 최고의 명성일지라도 금이 가고 명예는 바닥으로 추락한다. 대개는 사소한 실수나 약점이 그 빌미가 되어 버린다.

나쁜 소문은 구름 떼 같아서 그 속에 있는 본질을 제대로 볼 수 없게 하고, 그것이 걷힌 후에는 아무도 관심을 갖지 않는다. 현명한 사람은 그런 여지를 미리 조심하고 미리 차단한다. 사후에 거짓을 바로잡고 진실을 복원하려 해도 혼자만의 싸움이 될 뿐이다.

재능을 조금씩 드러내야
더 큰 찬사를 받는다

당신 자신을 자랑하라. 재능을 환하게 빛내라는 말이다. 재능은 숨겨둬서는 의미가 없다. 겉으로 드러내고 세상과 사람을 위해 쓰고자 할 때야말로 가치가 있다. 단, 치졸한 선전으로는 목적을 이룰 수 없다. 때와 장소를 엄선하여 효과적으로 실행해야만 한다. 이때 과장하거나 과시하는 것은 오히려 역효과가 난다. 태연히 품격 있게 행동하는 것이 바람직하다. 바로 일부를 감춤으로써 다른 사람의 호기심을 유발하는 것이다.

조금씩 드러내서 '다음엔 무엇이 나올까?'라는 기대감을 부추긴다. 그렇게 하면 사람들의 보고 싶어 하는 마음을 유발할 수 있다. 나의 능력을 일시에 과시하지 않고, 하나씩 슬쩍슬쩍 내보여야 결과를 이루어냈을 때 더 큰 찬사를 받을 수 있다.

타인의 비밀은
폭탄과도 같다

타인의 비밀을 알게 되어서 파국을 초래하는 경우가 있다.

만일 상사가 그만 실수로 자신의 비밀을 부하 직원에게 털어놓았다고 하자. 누군가 자신의 비밀을 알고 있다는 것은 기분 좋은 일이 아니다. 비밀은 '약점'이기도 하다. 나의 약점을 다른 사람이 알고 있다면 이미 상대의 노예가 된 것과 다름없다. 그래서 그런 상대는 눈엣가시 같다.

반대로, 타인의 비밀을 알게 된다는 것은 폭탄을 끌어안고 있는 것과 같다. 가능하면 그런 재난에는 가까이 다가가지 않도록 해야 한다.

적을 만들지 않는 법

다른 사람의 적의는 위협이다. 당신의 명예를 훼손하거나, 당신에게 불이익을 준다.

그런 적의에 대해서 적의로 맞서서는 안 된다. 복수 따위를 계획해도 무의미한 것은 물론 오히려 사태를 악화시킨다.

적의는 사전에 예방하는 것이 가장 바람직하다. 평소에 주변 사람들에게 항상 호의를 표시하고 도움을 주는 것도 좋다. 다른 사람의 마음을 자신에 대한 감사의 마음으로 채우면 적의가 끼어들 여지가 없다.

사람의 마음에는 악의도 있지만 악의는 영원히 지속되지 않는다. 이쪽에서 끈기 있게 선의를 표시하면 다른 사람의 악의는 이윽고 선의로 바뀔 것이다.

절교는 최악의 선택이다

무슨 일이 있어도 절교는 택하지 말아라. 그것이 당신의 명성에 흠집을 낼 수 있다. 절친했던 사이가 틀어지면 최악의 적으로 변모한다. 당신이 기억도 하지 못하는 일을 들춰내서 사람들에게 폭로할 수 있다. 자신의 실수를 당신의 실수로 덮으려 할 것이다. 절대 감정을 분출하고 파국을 선언하지 말라. 사과로 일단락 짓고 그저 미온적인 관계를 유지하라.

의도를 함부로 드러내지 말라

솔직함이 매력인 것은 사실이다. 하지만 상대에 따라서는 독이 될 수도 있다. 보통 사람의 솔직함은 삶이 되겠지만 악인의 솔직함은 사슬이 되기에 세상에서 자신의 의도를 모두 드러내는 사람은 없다.

의도를 드러내지 않는 것은 삶의 전술과 같다. 세상은 남아도는 것들을 서로 나눠 갖는 우정의 세계가 아니다. 한정된 자원 속에서 행복해지기 위해서는 자신을 방어해야 한다. 누가 적인지도 알 수 없는 세상이다. 믿을 수 있는 사람들이 극도로 제한된 세상이다. 조심성만이 자신을 지켜주는 수호신이자 자신을 노리고 있는 감시자들과 맞설 수 있는 무기다.

나의 잘못은 먼저 드러내고
타인의 잘못은 헤아려라

스스로 지위가 높은 사람이라도 잘못을 저질렀다면 깨끗이 인정하라. 자신이 저지른 일을 덮기 위해 좋은 것들로 눈가림해놓아도 과오와 악의는 사라지지 않는다. 또한, 평소에 타인의 잘못을 찾는 일에 혼신을 다하는 사람이 있다. 사소한 흠집을 발견해서는 재판관처럼 그것을 재단하고 주위에 알려 책망한다.

타인의 입장이나 전후 사정을 고려하지 않은 채 단지 정의나 정론을 주장하는 것은 마치 어린아이와 같은 사고방식이다.

현명한 사람은 타인의 죄를 고발하기 전에 먼저 인물을 본다. 인품에 더해서 심경이나 주변 상황 등을 고려하는 것을 게을리하지 않는다. 용서는 그다음에 판단할 일이다.

당신이 할 말만
중요한 것이 아니다

대화할 때 자신의 이야기만 늘어놓지 말라. 대화의 중심은 내가 아니라 상대방에게 두어야 한다. 특히 자신의 이야기에 도취되지 말라. 그보다 우스운 일은 없다. 또한, 상대방의 이야기를 들어준다면서 말끝마다 "내가 그렇게 될 거라고 말했잖아요"라거나 "내 말이 맞죠?" 같은 말을 남발해서 상대방에게 수긍을 강요하지 말라. 결국 경청이 아니라 대화의 주도권을 자꾸만 빼앗아오는 것이다. 사람들은 인내하지 않는다. 곧 당신을 떠나버릴 것이다.

현명한 사람일수록
말을 짧게 한다

좋은 말이란 간결한 말이다. 금언은 모두 짧다. 간결함은 모든 지혜가 함축돼 있다는 증거이다.

어리석은 사람은 이것저것 장황하게 이야기를 늘어놓는다. 말하는 법이 서툴다기보다는 말하고자 하는 내용이 없기 때문이다.

이런 사람은 바쁜 사회 속에서 성가신 사람으로, 흡사 필요 없는 가구처럼 방의 한쪽 구석에 치워진다. 현명한 사람은 시시하고 쓸데없는 이야기로 다른 사람을 성가시게 하지 않는다.

모든 좋은 이야기는 짧게 하면 할수록 한층 좋아진다. 좋지 않은 이야기라도 짧으면 그다지 나쁘게 보이지 않는다. 한 통의 물보다 한 잔의 와인이 귀중하다.

농담을 조심히 사용하라

농담은 사용 방법이 아주 어렵다.

도가 지나치면 사람에게 상처를 주고 원망을 사기도 한다. 오해가 오해를 낳고 심각한 싸움으로 발전하기도 한다. 또, 서툰 농담은 분위기를 시들게 하고 좋았던 분위기를 망가뜨리기도 한다.

농담을 통해 타인의 건전한 웃음을 유도하고, 커뮤니케이션의 윤활유로 활용하기 위해서는 고도의 테크닉이 필요하다. 그 자리의 분위기를 정확하게 읽고 그 자리에 있는 사람들의 성격이나 기분을 헤아리는 능력이 요구된다. 아무 생각 없이 마구잡이로 사용해서는 안 된다.

잃을 게 없는 사람과는 싸우지 말라

싸움을 할 때에도 상대를 고르지 않으면 안 된다. '잃을 게 없는 사람'을 상대로 한 싸움만은 피해야 한다.

지위도, 신용도, 재산도, 양심이나 수치심도 갖지 않은 사람은 무서울 것이 없다. 수단을 가리지 않고 돌진해 온다. 이쪽의 명예를 훼손하는 것도 마다하지 않는다. 궁지에 몰리고 자포자기한 사람만큼 무서운 것은 없다.

운 좋게 승리했다고 쳐도 그러한 사람과 싸움을 한 것 자체가 자신의 품위를 손상시키기 쉽다.

적은 노력으로 큰 이익을 보는 법

예의는 마법과 같다.

진정으로 예의를 다하면 타인의 사랑을 얻을 수 있다. 예의 바른 사람으로 인정을 받으면 당연히 좋은 대접을 받을 수 있게 된다. 또 예의는 하나의 의무이기도 하다. 특히 공적인 장소에서는 예의를 지킴으로써 형성되는 분위기가 있다.

예의가 사라지면 엄숙한 분위기가 무너지고 많은 사람에게 큰 폐와 불쾌감을 주는 경우도 있다.

예의를 지키고 예의를 다한다. 대단히 중요하지만, 여기에 소비되는 노력은 아주 적다. 바로 '적은 노력으로 큰 이익'을 얻는 것이다. 예의를 지켜서 손해 볼 일은 없다.

자신의 노력을 강조하지 마라

성공한 사람이 되려면 평소에 부단히 노력하고 실력을 쌓아가야 한다. 하지만 세상으로부터 성공한 사람으로 인정받기 위해서는 노력의 흔적을 보여서는 안 된다. 다시 말해 '나는 노력해서 여기까지 올라왔다'는 것을 어필하지 말라는 뜻이다.

사람들은 '자신과는 다르다', '나는 도저히 흉내 낼 수 없다'라고 생각하는 사람에게 존경심을 품는다. 오랜 여행을 끝낸 흙투성이 여행자의 모습처럼 고생과 노력의 흔적이 눈에 띄게 드러나면 많은 존경을 받을 수가 없다.

노력의 흔적을 지우고 저절로 자신의 가치를 인정하게 만드는 방법이 필요하다.

항상 누군가 지켜보고 있다고 생각하라

용의주도한 사람은 혼자 있을 때에도 항상 사람들 앞에 있는 것
처럼 행동한다.

수많은 시선이 항상 자신을 보고 있다고 의식하면 적당한 긴장감
속에서 행동도 우아해지고, 등도 저절로 곧게 펴진다.

이것이 자연스럽게 몸에 배면 막상 중요한 일에 직면하더라도
조금도 동요하지 않는다. 이것이 흔들림 없는 자신감으로 이어
진다.

호의만 취하고
불만은 전가하라

호의를 베풀면 호의가 돌아오고 불만을 늘어놓으면 불만이 돌아온다. 호의는 내가 먼저 나서서 베풀되, 불만은 직접 드러내지 말고 불만을 터뜨리기를 좋아하는 성향의 사람을 앞세워라. 보복을 당할 일을 피하면서 불만을 제기할 수 있다. 긍정적인 이야기를 전하는 사람이 되어야지, 부정적인 이야기를 전하는 사람으로 낙인찍혀서는 안 된다.

경계한다는 것을 들키지 마라

세상에는 여러 가지 장애물이 있다. 위험하다고 인지할 수 있는 것이라면 다행이지만 교묘하게 위장하여 피할 수 없는 것이 더 많다.

구미가 당기는 말로 접근하는 사기꾼, 거짓 눈물로 상대의 마음을 조롱하는 사람, 우정을 핑계로 무리한 것을 요구하는 동료……. 믿고 마음을 열면 뼈아픈 대가를 치러야 하는 경우도 있다.

이처럼 세상이 불신으로 가득 차 있다고 해서 누구도 믿지 않는다면 어떻게 될까? 자신 또한 누구에게도 신뢰를 받지 못한다. 이것은 이중의 불행이라 할 수 있다.

어떤 경우에도 경계심을 늦춰서는 안 된다. 그러나 경계하고 있다는 것을 상대가 알아차리게 해서도 안 된다는 것을 기억하라.

사람들은 따뜻함을 따른다

사귀기 쉽고, 기분 좋은 사람이라는 평판을 얻어라.

특히 사람들의 위에 선다는 것은 다른 사람에게 기쁨을 주고 호의를 획득할 수 있는 선택받은 위치에 오른다는 것이다. 다른 사람의 위에 서는 사람의 특권 중 하나는 남들보다 더 많은 선행을 베풀기 쉽다는 것이다.

그런 사람이 친근함이 넘치는 태도로 대하고, 격려의 말을 해주면 상대에게는 더없이 큰 힘이 된다. 그리고 나 또한 이 사람에게 힘이 되어주자라는 생각으로 당신을 따를 것이다.

발맞춰 함께 걸어가라
그것이 사람의 마음을 얻는 비결이다

어떤 사람과도 원만하게 호흡을 맞출 수 있는 것은 하나의 능력이다. 교사에게는 가르침을 구하는 사람답게, 연배의 사람에게는 경의를 담아서 행동하는 것이다.

사람의 마음을 사로잡기 위해서는 먼저 상대와의 조화를 꾀하는 것이 중요하다.

모든 사람의 기풍이나 성질을 잘 알고 각각에 알맞게 호흡을 맞춰서, 근엄한 사람과도 소탈한 사람과도 함께 걸어가는 것이 좋다.

호흡을 맞추는 방법을 아는 것은 뛰어난 수완이 필요한 일이지만 폭넓은 지식과 지혜를 지닌 사람에게는 절대로 불가능한 일이 아니다.

미련이 많으면
조롱이 따라온다

태양은 빛이 사그라지기 전에 구름 속에 숨어서 일몰을 보이지 않으려고 한다. 사람도 마장의 중앙에서 낙마해서 웃음을 사기 전에, 피곤해지기 전에 말에서 내리는 편이 좋다.

만사에 자신이 할 수 있는 일과 할 수 없는 일을 잘 구분해서 자신이 먼저 결단을 내리는 것이 현명한 분별이다. 우물쭈물하고 있으면 아무런 일도 하지 못한다. 주위에서 '아직 할 수 있다'면서 애석해할 때 무대에서 내려와 여유로운 마음으로 만년을 즐기는 그런 인생을 실현해야 한다.

유언을 남기듯
신중히 말하라

유언을 남기듯 신중히 말하라. 말에는 항상 생각의 무게가 실려 있어야 한다. 중요한 발언에는 세심한 주의를 기울여야 한다. 듣는 사람이 누구인지와 관계없이 주의해서 말을 해야 한다. 한번 말하면 끝이다. 나중에 취소할 수 없다.

그러나 말이 부족하면 보충하고 나중에 덧붙이는 일은 얼마든지 가능하다. 그래서 중요한 일에 대해 말할 때에는 자신이 말하는 내용을 잘 음미하고 신중하게 말한다.

경솔한 발언은 바로 설복당하거나 면박을 당한다. 진중한 사람의 이야기에는 일종의 신비한 울림이 있고 다른 사람의 신뢰를 얻기 쉽다.

홀로 서 있는 사람에게
역풍은 강하다

어떤 경우에도 자신의 편이 되어주는 사람, 설사 한 명이라도 좋으니 이른바 '역경의 친구'를 갖는 것이 중요하다. 인생이 원만하게 굴러가고 있어도 좋지 않은 평판을 듣거나 하면, 혼자서 역풍을 맞지 않으면 안 된다. '역경의 친구'는 이런 때 마음 든든한 자신의 편이 되어준다.

운명도 세상도 외톨이에게는 한층 냉혹하게 공격해 오지만, 둘이라면 그리 손쉽게 공격해 오지 못한다. 홀로 서 있는 사람에게 불어오는 역풍은 강하다. 그래서 신뢰할 수 있는 평생의 친구가 있어서 무거운 짐이나 슬픔을 나눌 수 있도록 해야만 한다.

지나친 은혜는 마음의 빚이 된다

다른 사람에게 은혜를 베풀면 고마워하고 주위의 평판도 올라
간다.

누구라도 은혜를 입으면 갚고 싶어 한다. 그러나 너무나 큰 은혜
를 입으면 갚기도 어렵다. 은혜를 갚을 수 없다는 부채감은 무거
운 짐이 되어서 이윽고 그 무게를 이기지 못하고 반기를 드는 경
우조차 있다. 은혜를 베푼다면 한 번에 조금씩 몇 번에 걸쳐 나
누는 편이 좋다. 상대의 입장을 이해한 후에 행동에 옮기는 것이
좋다.

관계의 선을 지켜라

인간관계에 있어서 '지나침'이 있어서는 안 된다. 현명한 절도를 유지하고 서로의 주체성을 존중해야 가장 좋은 관계를 형성할 수 있다.

다른 사람의 일에 지나치게 끼어들거나, 반대로 자신의 행동이나 생각에 대해서 지나치게 간섭하게 놔둬도 안 된다.

타인과 나 사이에는 넘어서는 안 되는 '선'이 있다. 그것을 분명하게 지키는 것이 상대를 존중하는 길이기도 하다.

사람은 결핍이 있을 때
마음에 틈이 생긴다

배가 고프면 음식을 원하고, 지갑이 가벼워지면 채우고 싶어진다. 즉 '결핍'에서 욕망이 태어나는 것이다.

모든 것이 충족된 사람의 마음은 평정을 유지한다. 삶을 뒤흔들 만한 큰일이 아니면 동요하지 않고, 감언이설에도 속지 않는다. 무언가가 부족할 때, 원하는 것을 손에 넣을 수 없을 때, 사람의 마음에 틈이 생긴다. 맛있는 먹이를 눈앞에 내놓으면 의심하지도 않고 달려들게 된다. 그래서 욕구를 충족하지 못한 사람은 이용당하기 쉽다.

정치가를 보면 잘 알 수 있다. 충족되지 않은 서민의 욕망을 자극해서, 기대감을 부추긴다. 그러나 절대로 만족시키는 일은 하지 않는다. 항상 불만을 품게 하고 기대감을 이어간다. 이것이 교묘하게 사람의 마음을 장악하는 방법이다.

불행 대신 감사를 말하라

자신의 불행을 타인에게 동조 받으려고 해서는 안 된다. 불행담을 털어놓으면 확실히 타인은 귀를 기울일 것이다. 그러나 진심으로 동정하는 것만은 아니다. '남의 불행은 나의 행복'이라도 되는 듯이 흥미진진하게 듣는 것뿐이다.

한편, 다른 사람이 베푼 은혜에 대해 감사해하는 마음은 모두 앞에서 널리 알려라. 그것을 보고 다른 이들도 은혜를 베풀고 싶어진다.

사람들이 앞다투어 당신에게 은혜를 베풀려고 할 때 당신에게 가장 먼저 은혜를 베푼 사람의 신뢰를 두 배의 가치로 활용할 수 있다.

대화에서는 유창함보다
자제력이 중요하다

소크라테스는 이렇게 말했다.

"말하라. 내가 그대를 알 수 있도록."

우리는 대화를 통해 서로를 알아간다. 살면서 가장 일상적으로 이루어지는 것이 대화다. 그만큼 긴장하고 있지 않으면 무심코 던진 말 한마디가 갈등의 불씨가 되기 쉽다. 따라서 대화의 기술을 터득하는 것이 중요한데, 유창함보다는 자제력에 더 주안점을 두어야 한다. 즉흥적으로 입밖으로 튀어나오는 말을 자제하고 한 번 더 생각하는 습관이 필요하다.

특히 중요한 사람들과 대화를 나눌 때는 더욱 자제력이 필요하다. 해야 할 말과 하지 말아야 할 말을 제대로 구분하고 몸에 꼭 맞는 옷처럼 간결해야 한다. 상대방의 생각과 기분을 고려하여 질문과 호응을 적절히 배분해야 한다.

우아한 말과 행동이 무기가 된다

나쁜 마음은 없지만 조악한 말과 행동이 다른 사람에게 상처를 주는 경우가 있다. 성격이 좋아도 행색이 추레하면 사람들이 멀리하는 경우도 있다.

다른 사람에게 이해를 받고 싶다면 우악스럽게 행동하지 말라. 우아한 말과 행동은 사람들의 마음을 부드럽게 풀어준다.

다른 사람의 부탁을 거절할 수 없을 때라도 조리 있게 상대가 상처를 받지 않도록 말해야 한다.

항상 꾸밈없고 지나치게 정직한 말과 행동이 다른 사람들에게 받아들여진다고는 할 수 없다. 목표를 달성하기 위해서는 공손한 행동과 정중한 말 씀씀이를 잊지 않는 것이 최선의 방책이다.

아픈 손가락을 드러내지 마라

누구나 결점과 약점이 있다. 그러나 그것을 남에게 보여서는 안 된다. 당신이 아픈 손가락을 먼저 나서서 드러내는 순간 모두가 그곳을 노릴 것이다. 아프다고 하소연하는 버릇을 버려라.

사람의 마음에는 선도 있지만 그 이상으로 악도 있다. 악의는 늘 약한 곳, 아픈 곳만 찾아 돌아다닌다. 그리고 그 아픈 부위를 수천, 수만 번 반복해서 찌른다. 악인에게는 다른 사람의 약점을 잡는 것만큼 기쁜 일은 없다. 또한 다른 사람의 불행을 보는 것만큼 재미있는 일도 없다.

때문에 신중한 사람은 결코 자신의 상처를 쉽게 드러내지 않으며, 개인적인 불행을 여기저기 발설하지도 않는다. 때로는 운명조차도 당신의 가장 아픈 상처를 찔러대며 즐거움을 느낀다. 그러니 아픈 것도, 기쁜 것도 쉽게 드러내지 마라.

마음이 어두우면 대화도 어둡다

사람을 이해하거나, 이해받기 위해서 절대로 빼놓을 수 없는 것이 대화다. 대화가 없다면 다른 사람과의 교류는 있을 수 없다. 대화는 일상적으로 이루어지기 때문에 방심하기 쉽다. 그래서 더욱 세심한 주의를 기울여야 한다.

아무렇지 않게 한 말이 생각지도 않은 오해를 부르거나, 비난의 대상이 되어버리는 경우가 있다. 이것은 모두 자신의 책임이다.

마음이 어두우면 대화도 어둡다. 마음에 악의가 담겨 있으면 그 악의는 반드시 상대방에게 전해진다. 잘 감춘다고 하더라도 나조차도 눈치채지 못한 사이에 드러난다. 그것을 반드시 기억하라.

협상을 내 페이스로 이끄는 비결

협상 테이블에서 상대는 '적'이다. 내가 원하는 결과를 이끌어내기 위해서는 눈앞의 적을 어떻게 이기는가에 달려 있다. 물론 상대도 같은 생각으로 승리를 노린다.

상대가 '이렇게 하는 편이 당신에게 득이 된다'라고 했을 때는 반드시 진짜 목적을 감추고 있다고 생각하는 편이 좋다. 틈새를 보이면 기회를 잡은 것처럼 일순 태도를 바꿔서 일거에 목적을 달성하려고 할 것이다.

상대의 책략에 빠진 순간 패배한다. 그전에 사안의 허와 실을 간파하고 먼저 선수를 쳐야 한다. 상대가 숨기고 있는 진짜 목적을 간파하고, 또 '당신의 수법을 이미 알고 있다'는 것을 넌지시 알리는 것이 효과적이다.

상대가 무엇을 원하는지 파악하면
내 뜻대로 움직일 수 있다

사람을 행동하게 만드는 데에는 반드시 동기가 있다. 그 동기를 파헤치면 욕망에 다다른다. 어떤 사람은 명예욕, 어떤 사람은 금전욕, 또 쾌락욕의 지배를 받는 사람도 적지 않다.

욕망을 충족하기 위해 사람은 필사적이다. 욕망을 충족시켜주는 기회는 절대로 놓치지 않는다. 만일 그런 기회를 주는 사람이 있으면 바로 달려들어 물고 늘어질 것이다. 욕망이란 약점이기도 하다.

만일 사람을 조종하고 싶다면 상대가 무엇을 원하는가를 가늠하면 된다. 그 사람을 움직이게 하는 욕망을 간파할 수 있으면 자신의 의도대로 움직이게 하는 것도 가능하다.

사죄하기 전에 변명하는 것이
가장 어리석다

사람은 누구나 자신도 모르게 잘못을 범할 때가 있다. 잘못을 범했으면 마땅히 책임을 져야 한다. 그 책임의 첫걸음은 반성과 사죄다. 이 두 가지만 잊지 않으면 이후의 문제는 해결의 수순에 오를 수 있다.

'아무도 모르게 고쳐놓으면 된다'며 임시방편으로 속여서는 안 된다. '돌이킬 수 없는 일을 저질렀다'고 머리를 감싸고 고통에 젖을 필요도, '모두 내 책임이니 혼자서 해결하지 않으면 안 된다'고 뒤늦은 의무감에 휩싸일 필요도 없다.

'죄송합니다'라는 말이 가장 먼저다. 사죄의 말 전에 변명을 늘어놓으면 자신을 방어하는 데 급급한 사람으로 비쳐질 뿐이다.

결점투성이에게도
배울 점이 있다

뛰어난 사람에게는 배울 점이 많다.

반대로 결점투성이인 사람에게도 배울 점이 있다는 것을 아는가?

누구나 반드시 한 가지 장점은 가지고 있다. 뒤떨어지는 점만 보고 그 사람을 무시해서는 안 된다. 상대의 결점을 지적하거나, 약점을 들춰내도 득이 될 것은 아무것도 없다.

항상 다른 사람을 존중하고 그의 장점에 눈길을 주어야 한다. 그러면 어느 누구에게나 반드시 한 가지, 삶의 힌트를 배울 수가 있다. 설사 아무것도 배울 것이 없을 정도로 어리석은 사람이라도 반면교사로 삼을 수 있다.

예리한 통찰력으로
상대의 목적을 간파한다

현시대를 잘 살아가려면 예리한 통찰력이 필요하다.

통찰력이란 하나를 들으면 열을 아는, 혹은 빙산의 일각을 보고 전체를 파악하는 것과 같은, 만사의 본질을 간파하고 파악하는 능력을 말한다.

이해력이 빠른 사람은 상대방이 생각하는 것을 전광석화처럼 빠르게 읽어내고, 살쾡이와 같은 예리한 눈초리로 상대방의 목적을 정확하게 알아맞힌다.

통찰력을 단련하면 진실의 이면에 숨겨진 거짓을 간파할 수 있다. 대화 중에 상대방의 본심과 진짜 목적을 알아차릴 수도 있다. 지금까지 실체가 불명확했던 것의 정체를 파악할 수 있는 것이다.

상대에게
먼저 주도권을 건네줘라

지식인 앞에서는 지식을 논하고 성직자 앞에서는 성스러움을 논하라. 이것이 모든 사람의 마음에 드는 방법이다. 호감을 얻어야 하는 상대가 있다면, 그에게 먼저 주도권을 건네줘라. 하지만 한쪽에서는 눈치채지 못하게 그것을 붙잡고 있어야 한다.

상대가 1부터 10까지 모든 것을 주도하게 만들고 종종 매끄럽게 화제를 본인이 원하는 대로 돌려라. 다만, 자신이 10까지 맞춰줬다는 사실을 일깨워줘서는 안 된다. 그가 자연스레 나의 선택을 따라오도록 매끄럽게 주도권을 끌어와야 한다. 호의를 얻어야 하는 사람일수록 꼭 필요한 기술이다.

뱀처럼 교활하게,
비둘기처럼 온후하게

정직하고 온후한 성격을 지닌 사람은 주위를 안심시킨다. 사람들은 평온을 찾아서 그 사람에게로 모인다. 단, 그런 정직함을 이용하려는 사람도 있다.

정직한 것은 좋다. 그러나 너무 솔직해서 고지식한 것은 좋지 않다. 사기꾼에게 최고의 먹잇감이 된다.

때에 따라 교활하게 행동하는 것도 중요한 일이다. 생태계 동물들은 그 방법을 알고 있다. 적으로부터 공격을 피하기 위해 주변 환경에 맞춰 몸 색깔을 바꾸기도 하고, 어둠 속에서 몰래 숨죽이고 있다가 사냥감이 사정거리에 들어온 순간 공격을 가한다. 뱀과 같은 교활함과 비둘기와 같은 온후함을 익히는 것이 훌륭한 지혜 가운데 하나다.

효과적으로 가면을 사용한다

자신의 본래 모습 그대로, 자신답게 살 수 있다면 그것이 가장 좋은 삶의 방식이다.

그러나 지금은 그것만으로는 살기 어렵다. 몇 가지 가면을 준비해두고 장면에 따라 나눠서 사용하지 않으면 안 될 만큼 복잡한 세상이 되었기 때문이다.

그렇다고 해서 가면을 오래 쓰다 보면 진정한 자신을 잃어버리게 된다. 가면은 어디까지나 예의로써, 그 자리에 어울리는 것을 쓰면 된다. 결혼식장에서 예복을 착용하는 것처럼 말이다.

공식적인 자리에서는 가면을 쓰더라도 인간 대 인간으로 대면할 때에는 역시 본래의 모습을 보여주는 것이 좋다.

혀는 야수와 같다

일단 우리에서 탈출한 동물은 아무리 뒤를 쫓아도 붙잡기 어렵다.
사람의 혀도 마찬가지다. 혀는 인격을 판단하기 위한 재료로 사
용된다. 그래서 경솔하게 함부로 놀려서는 안 된다.

경박한 혀의 주인은 경박한 인간으로 여겨져서 한순간에 신뢰를
잃어버린다.

자신의 혀는 자신의 책임으로 관리하라.

폭주하지 않도록 확실히 억제하고 상황에 따라 잘 조정하면서 사
용해야 한다. 그것이 원만한 인간관계를 구축하는 비결이자 신뢰
를 받기 위한 지혜이기도 하다.

훌륭한 리더의 조건

사람은 위기가 닥치면 긴장을 한다. 뭔가 큰 피해를 입을지도 모른다고 두려워하고, 긴급히 피난 준비를 하려고 한다.

그러나 위기를 피하기만 해서는 앞으로 나아갈 수 없다. 전진하기는커녕 후퇴만 할 뿐이다. 이때 신중히 잘 살펴보면 종종 기회가 숨겨져 있다. 위기 그 자체가 기회인 경우도 있다.

뛰어난 리더는 위기에 직면하면 '지금이야말로 이름을 떨칠 기회'라고 모두를 독려한다. 그리고 비상한 힘을 발휘하는 사람도 있다. 위기에 직면해도 절대로 물러서지 않고 전진을 명령한다. 그리고 '모든 책임은 자신에게 있다'고 말한다. 이것이 훌륭한 리더의 조건이다.

상대의 자부심을 자극하라

상품을 팔 때는 그 품질의 좋은 점을 강조하는 것만으로는 상대의 마음을 움직이기 어렵다.

같은 품질, 같은 가격이라면 '또 하나의 고안'이 승부의 결정적 요인이 된다. 대대적으로 선전을 하거나, 사람들의 눈길을 사로잡는 기발한 이름으로 호기심을 자극하거나, 판매기간이나 수량을 한정해서 희소가치를 강조하는 방법도 있다.

이때 부자연스러움이나 강요하는 듯한 자세는 금물이다. 될 수 있으면 넌지시 자연스럽게 알려야 한다. 또 '이 상품의 장점은 안목이 있는 특별한 사람밖에 이해하지 못한다'라는 메시지를 담으면 좋다. 누구나 '나는 특별한 사람이다'라고 자부하거나 '특별한 인간이고 싶다'라는 생각을 하기 때문이다. 그 점을 자극하면 좋다.

포용하는 것이
완전한 승리를 이루는 방법이다

진정 상대를 꺾어버리고 승리를 얻으려면 가장 좋은 방법이 있다.
당신을 헐뜯는 이들을 칭찬하라. 우아한 매너로 대하여 유치한
종자들로 만들어버려라. 당신이 성공할 때마다 온갖 음해를 펼치
는 자들을 향해 웃어줘라. 그들 스스로도 자신의 행동거지가 부
끄러워질 것이다. 당신의 명예는 더욱 빛을 발하고 그럴수록 그
들은 불명예밖에 얻을 것이 없어진다. 명예로운 사람이 되는 것
이 완전히 승리하는 가장 좋은 방법이다.

심리전에서 한발 앞서는 비결

대중의 호응을 얻고 싶다면 일부러 대중이 이해하기 쉽지 않은 '어려운 이야기를 하는' 방법이 있다.

사람은 자신이 이해하지 못하는 것은 자연스럽게 흘려듣고, 그 점에 대해 부끄러워하거나 감탄하거나 한다. 또한 많은 사람이 '훌륭하다'라고 평가하는 것이 있다면 주목할 수밖에 없다. 그리고 '나도 뒤처져서는 안 된다'며 초조해하고 무리를 해가며 칭찬한다.

이 방법은 현자에게는 효과가 없다. 하지만 보통 사람들은, 아예 터무니없는 이야기가 아니라면, '이해할 수 없는 어려운 이야기'를 일종의 부가가치로 받아들인다. 그들의 마음을 단숨에 끌어당기기 위해 이 방법을 사용해볼 가치는 있다.

당신 스스로 설 수 있는
사람이 되어야 한다

생각해보라. 당신은 주변 사람들로부터 자주 부탁을 받는가? 약속을 정한다면 그 사람의 시간에 맞춰주는가? 당신은 친구가 괴로워하고 있으면 내 일인 것처럼 안쓰러운가?

그렇다고 대답한다면 해줄 말이 있다. 모두를 책임지려 하지 말라. 좋은 친구인 동시에 '노예'가 되는 길이다. 남들이 기댈 수 있는 사람보다 당신 스스로 설 수 있는 사람이 되는 것에 중점을 두고 살라. 아무리 가까운 사이라고 해도 나 자신이 손해를 보는 일을 허락해서는 안 된다. 당신은 그로 인해 두고두고 후회할 일을 만들 수 있다.

결국 타인은 타인일 뿐이다. 당신의 시간과 에너지, 감정을 쏟아부으면서까지 타인을 책임지려 할 필요는 없다. 타인에게는 일시적으로 불쾌할 뿐이지만, 자신에게는 영원한 고통이 될 때에는 '일시'를 버리고 '영원'을 구해야 한다.

2장

어떤 사람을
내 편으로 만들 것인가

왜 관계를 맺어야 하는가

인생을 홀로 살아가는 것만큼 고단한 것이 없다. 모든 위험을 혼자 감수하고 모든 악의를 혼자 견뎌내야 한다고 생각하면 삶이 벌처럼 느껴질 것이다. 또, 성공의 영광을 누린다 하더라도 혼자라면 만족스러움도 잠시, 금세 허무해질 것이다. 함께 웃을 사람도, 함께 울 사람도 없는 인생을 상상이나 할 수 있겠는가? 기쁨을 나누고 고통을 희석할 수 있는 관계를 만들어라. 그리하면 결코 채워지지 않았던 마음의 방이 채워질 것이다.

지혜로운 자들을 곁에 두어라

지혜로운 자들을 곁에 두면 삶이 풍요로워진다. 그들과 어울리며 통찰력과 선구안을 체득할 수 있다. 세상의 수없이 많은 말 중에 지혜의 정수만을 얻어가는 것이다. 그러한 지혜는 어두운 길을 밝혀주는 등불이자 산을 옮기는 거인의 조언과 같다.

후에는 당신이 사람들에게 지혜를 전수하고 밝은 삶으로 이끌어주는 역할을 할 수도 있다. 현자가 되어 더 큰 지혜를 도모할 수 있는 것이다. 그러기 위해서는 지금 자신의 곁을 지혜로운 자들로 채워야 한다.

당신을 더 나은 사람으로 만드는
이들과 어울려라

언제나 당신을 더 나은 사람으로 만드는 이들과 어울려라. 주인공으로 군림하면서 당신을 초라하게 만드는 이가 아니라 당신을 더 높은 곳으로 데려다줄 이를 만나라. 달은 별들 사이에 홀로 있을 때 밝게 빛난다. 해가 떠 있을 때 달은 잘 보이지 않는다. 배우고 성장하려면 나보다 뛰어난 이들과 어울려야 하지만, 반대로 이미 경지에 올랐다면 나를 돋보이게 할 평범한 이들과 어울려라.

분별력 있는 사람에게 박수받아라

보통 박수나 갈채는 칭찬을 표현한다.

그러나 무책임한 관객은 시시한 연설에도 박수를 치는 경우가 있다. 따라서 여러 사람에게 박수를 받았을 때 절대로 득의양양해서는 안 된다. 의미 없는 박수에 만족해하는 자신을 부끄러워해야 한다. 관객 중에는 나의 본질을 꿰뚫어보고 제대로 판단하는 사람이 반드시 있기 마련이다. 분별력 있는 사람의 박수야말로 기꺼이 받아들여야 하는 것이다.

나의 행복을 빌어주는 사람을
늘려가는 방법

'친구'라는 카테고리에 포함되는 사람은 많아도 그중에서 진정 친구라고 말할 수 있는 이는 극소수일지도 모른다. 사람은 다른 사람들이 그를 원하는 만큼 가치 있다. 모두가 진심으로 그의 성공과 행복을 바란다면, 그가 그들에게 그만큼 가치 있는 존재라는 뜻이다. 그런 관계를 만들기 위해서는 내가 먼저 그의 성공과 행복을 빌어주는 친구가 되어야 한다. 그것이 나의 행복을 빌어주는 사람을 늘려가는 방법이다.

진정한 친구는 무슨 일이 있어도 배신하지 않고 편안함을 준다. 그렇게 되기까지 결코 쉽지 않고 시간도 오래 걸린다. 그러나 아무리 시간이 걸려도, 혹독한 시련을 맞닥뜨린다 하더라도 찾아낼 만한 가치가 있다.

책을 한 자 한 자 읽어 내려가듯
사람도 읽어 내려가라

하룻밤 만에 책을 완독했다고 할 때 무엇을 기억할 수 있겠는가? 또 그 기억이 얼마나 가겠는가? 천천히 시간을 들여 읽으면 지나칠 수도 있는 구절을 마음에 새길 수 있다. 사람도 마찬가지다. 사람을 한 번에 파악할 수 있는 사람은 없다. 사람을 잘못 판단하는 것은 최악의 실수다. 내면을 보지 않고서는 그에 대해 안다고 말하지 말라. 책을 한 자 한 자 읽어 내려가듯 사람도 하나하나 읽어 내려가라.

내게 약이 되는
친구를 찾아라

좋은 친구를 갖는 것의 효과는 헤아릴 수 없다.

그것은 취미나 품행에도 전염되는 성향이 있고, 자신도 모르는 사이에 인격과 정신도 영향을 받기 때문이다.

성격이 급한 사람은 신중한 사람을 친구로 삼으라는 말처럼, 성격이 다른 사람끼리 사귀면 점차로 중화되어서 이상적인 성격이 만들어진다.

중요한 것은 자신과 타인을 조화시키는 것이다. '대조'가 아름다움과 조화를 빚어낸다. 더불어 친구를 선택할 때 '배합'을 고려하면 좋다. 적당한 융화는 반대되는 것의 결합에 의해 생성된다.

친구를 고른다면 당신에게 좋은 약이 되는 상대를 선택한다. 현명한 친구에게서 얻는 지혜는 인생의 특효약이다.

말만 하는 사람과
행동하는 사람을 구별하라

말만 늘어놓는 사람과 실행에 옮기는 사람을 구분하라. 말뿐인 사람은 모두가 나아갈 때 제자리에 머물러 있다. 그런 사람의 옆에 있으면 나 또한 제자리걸음만 되풀이한다. 실행에 옮기는 사람은 절대 가볍게 이러쿵저러쿵 말하지 않는다. 그가 실제로 행할 일들만 명확하게 말한다. 말은 실행되었을 때 그 가치를 지닌다.

배울 점이 있는 사람을 만나라

배울 점이 있는 사람과 교제하라. 가까이 있는 벗이 스승과 다름 없다면 인생은 한층 풍요로워진다. 그가 알고 있는 풍부한 지식과 겸손한 언변을 교훈 삼아 자신의 부족한 면을 보충하는 것이다. 사람을 가려 사귀는 것은 중요하다. '같은 부류는 같은 둥지 속에 있다'는 말대로 서로에게 영향을 미치는 것이 바로 친구다. 상대의 지식과 지혜를 즐겁게 배우는 학교와도 같다.

사람들은 대개 순수한 만남보다 이해관계에 얽매여 사람을 만나게 된다. 이 가운데서 지혜가 빛나는 사람을 만나야 하는데, 같은 배경이라면 배포 있는 사람이 허영에 찬 사람보다는 훨씬 나은 법이다. 사려 깊은 사람은 그런 사람들이 모이는 장소를 사업의 근거지로 삼는다. 좀 더 좋은 사람을 만날 수 있는 곳에 가서 그를 사업의 동반자나 인생의 벗으로 삼아야 한다.

당신의 문제는
다른 사람의 문제로 덮어라

당신에게 있는 문제를 다른 사람들이 알지 못하게 하려면, 또 그것을 해결할 시간을 벌려면 다른 사람의 문제를 들추어라. 교활하지만 효과 좋은 방책이다. 당신이 직면해야 할 문제를 유보함으로써 다른 사람의 의지를 유도할 뿐이다. 다른 사람의 계획에 길을 열어주는 것이다. 그가 그 문제와 세간의 시선에 맞서 싸우는 동안 당신은 자신의 문제를 해결할 묘안을 생각해내면 된다.

불평으로 들리지 않게 하는 것이
비결이다

매사 불평이 많은 사람은 신뢰받기 어렵다. 그것이 타당한 불평
일지라도 사람들은 귀를 기울이지 않는다. 차라리 매사에 호의적
인 사람인 것이 원하는 바를 이루는 데는 효과적이다. 호의적인
태도로 사안을 바라보고, 좋은 선례를 찾아 그것을 칭찬하면서
방안으로 제시하는 것이 더 전략적인 선택이다. 그것이 불평으로
들리지 않게끔 하는 것이 다른 사람들을 설득하는 비결인 것이
다. 현명한 사람은 온 세상에 자신의 불평을 쏟아내지 않고 전략
적으로 원하는 바를 이루어낸다.

행운도 불운도 전염된다

세상에는 불운한 사람과 행운의 사람이 있다.

행운의 사람이란 운을 자신의 손으로 끌어당기는 힘을 가진 사람을 말한다. 행운의 사람과 가까이 지낸다면 그가 행해온 삶의 방식을 배울 수 있고, 자신 또한 행운의 길로 나아갈 수 있다.

반대로 불운한 사람과는 거리를 두고 가능하면 깊은 관계가 되지 않도록 해야 한다. 불운한 사람은 운을 끌어당기는 힘이 부족할 뿐 아니라, 부정적인 에너지로 타인의 운마저 집어삼킨다. 자신도 모르게 가까이하면 불운에 휩싸일 위험이 있다. 설사 불운한 사람의 불운한 상황을 목격하더라도 무방비로 동정해서는 안 된다. 마음을 연 순간 자기 자신도 휩쓸려 벗어날 수 없기 때문이다.

나쁜 소식만 전하는 사람을
멀리하라

부정적인 영향을 주는 사람을 멀리하라. 잠깐 나눈 대화라도 나쁜 기운은 금세 따라붙는다. 나쁜 소식만 전하는 사람은, 모든 말에 비난이 섞여 있다. 누군가가 노력으로 일궈낸 일에 대해서도 깎아내리며, 행동하는 사람을 바보 취급한다. 좋은 소식일지라도 나쁘게 말할 뿐이다. 그런 사람과 웃고 떠들어봤자 내게 득이 되는 게 무엇이겠는가? 나쁜 소식을 꺼내려 하는 순간에 딱 잘라버리고 부정적인 영향을 차단하라.

칭찬은 신중하게,
비난은 훨씬 더 신중하게 들어라

칭찬도 비난도 신중히 들어야 한다. 말하는 자의 의도에 주의를 기울이고, 몇 발자국 더 나아가서 생각할 줄 알아야 한다.

특히 누군가로부터 전달된 말은 더 신중하게 들어야 한다. 우리가 세상의 모든 것을 직접 눈으로 확인할 수 없으니 귀로 들어 얻는 정보가 더 많다. 거기에 의존할 수밖에 없는 것이 사실이지만 기억해야 할 것이 있다. 직접 들은 것이 아니라 전해 들은 말은 전달한 사람의 감정과 의도가 뒤섞여 왜곡되기 마련이라는 것이다. 또, 그 사람이 뜻이 없는 말을 칭찬으로, 또 비난으로 해석했을 수도 있다. 좋은 말이든 나쁜 말이든 신중히 걸러 들어야 하는 이유다.

성격을 알면 의도를 파악할 수 있다

사람의 성격을 파악해야 그의 의도를 예측할 수 있다. 원인을 알아야 결과를 예측할 수 있듯이, 미리 상대가 어떤 성향인지, 어떤 취향인지 알아두면 일이 수월해진다.

늘 걱정이 가득하거나, 남 이야기를 좋아하거나, 악하거나, 또 긍정적이거나, 열정적이거나, 현명하거나, 선하거나 등 사람의 성격은 무궁구무진하다. 그래서 그때그때 즉흥적으로, 임기응변으로 대하는 것은 한계가 있다. 내가 호의를 얻어야 하는 상대의 성향이라면 반드시 파악해야 한다.

희망을 주며 의존하게 만들어야
당신을 따른다

사람들이 당신을 따르게 만드는 방법은 바로 '희망'에 있다.

누구나 지금보다 더 나은 삶을 향해 희망을 품고 산다. 상대방이 가지고 있는 희망이 비록 현실적인 것이 아니더라도 가능하다고 말해주며 당신의 사람으로 만들어라. 그러면 상대방은 그 말에 또 하나의 희망을 얻고 당신에게 의존할 것이다.

특히 고민이 있거나 소망이 있는 사람들은 의존하고 싶은 마음이 가득하다. 고민은 해결될 것처럼, 소망은 이루어질 것처럼 희망을 말하라.

때로는 상대를 시험해보라

상대의 의도를 알 수 없을 때는 일부러 정보를 조금 흘리거나, 마치 결정을 내린 것처럼 행동하라. 그렇게 하면 지지부진하던 상대도 반응을 보인다. 거기서 약간의 힌트를 얻을 수 있다. 일을 할 때뿐만 아니라 무언가 부탁할 때나 호의를 얻기 위해서도 필요한 기술이다. 처음부터 사람을 모두 파악할 수는 없다. 숨기는 것이 없는 듯 조금씩 내 패를 내보이면 상대도 분명 반응할 것이다.

첫인상에 얽매이지 말라

인생을 살다 보면 싫은 일도 하게 되는 것이 당연하다. 또한 싫은 사람도 만나게 된다.

그만큼 우리는 혐오감과 밀접한 관계에 있다. 사람이라면 누구나 지니고 있는 이런 혐오감은 자연스러운 것이지만 문제는 직관적으로 상대를 판단해버리는 것이다.

그 대표적인 예가 첫인상이다. 우리는 첫인상으로 많은 것을 결정한다. 첫인상이 좋으면 관계를 이어가고, 첫인상이 나쁘면 거리를 둔다. 하지만 첫인상이라는 편협한 직관을 맹목적인 판단 기준으로 삼아서는 안 된다. 그 사람이 지닌 우수한 장점과 훌륭한 인격을 보지 못하는 큰 실수를 저지르게 된다.

사람을 깊이 볼 줄 아는 것이 바로 지혜의 안목이다. 알렉산더 대왕은 상대가 누구든 늘 이야기에 귀 기울였다. 그렇게 안목을 기르고 자신의 사람들을 발굴했다.

우연히 만난 사람이 아닌
신중히 고른 사람과 친구가 돼라

친구를 사귀는 일은 삶에서 가장 중요한 선택인데도 허술하게 이뤄진다. 보통 우연히 만난 사람과 친구가 되곤 하는데, 사람은 어떤 시기에 어떤 사람과 함께 하느냐에 따라 많은 것이 바뀌기 때문에 단순한 호감을 넘어서는 깊은 안목으로 친구를 선택해야 한다.

한때의 우정은 잠시 즐거울 뿐이지만 진정한 우정은 인생을 즐겁게 한다. 현명한 친구 하나의 통찰력이 다수의 선의보다 유익하며, 어리석은 친구 하나의 경거망동이 일상을 소란스럽게 한다. 우연히 만난 사람과의 인연을 유지하기 위해 이리저리 휩쓸려 다니지 말고 신중하게 선택하라.

친구를
화풀이 대상으로 삼지 말라

교제를 깰 것처럼 굴지 말라. 특히나 우정에서는 더 무던해야 한다. 지나치게 쉽게 인연을 끊는 사람들이 있는데, 인내심이 부족해서다. 자기 자신이 모욕을 받았다고 상상하고는 다른 사람들에게 불쾌감을 쏟아낸다. 눈에 보이지 않는 부분까지 예민하게 굴어서, 티끌같이 하찮은 부분에서도 발끈한다. 가시적인 증거까지도 필요 없다. 그래서 그들과 교제하는 사람은 늘 살얼음판을 걷듯 조심하며 그들의 기분을 살펴야 한다.

대단히 자기 중심적인 사람, 기분 때문에 모든 것을 던져버릴 수 있는 기분의 노예, 시시콜콜 꼼꼼하게 따지기 좋아하는 사람인 것이다. 그러나 진짜 사랑의 마음은 단단하고 오래 참는다. 그래서 어떤 경우에도 요지부동이다.

윗사람을 능가하는 일을 조심하라

우월함은 언제나 시샘의 대상이 된다. 특히 윗사람을 능가하는 것은 주의해야 한다.

아낌없이 내게 도움을 주던 사람도 자신을 능가하는 순간, 태도가 달라질 것이다. 그들에게 조언하려면 그들이 모르는 것을 알려주는 것이 아니라, 잠시 잊은 것을 일깨워주듯 해야 한다.

지인의 결점에 익숙해져라
오래갈 관계라면 더욱 그래야 한다

성격이 고약해도 삶을 함께 해야만 하는 사람들이 있다. 관계를
끊어버리면 고민할 필요도 없는 일이지만 이어가야만 하는 이유
가 있다면, 익숙해져라. 영리한 사람들은 그들을 대처하는 방법
을 안다. 고약한 심성에 영향받지 않고 평행선을 그리며 함께 간
다. 어쩔 수 없이 참는 것이 아니라 서로 다른 것을 인정하고 자신
에게 도움되는 방향으로 그들을 활용한다.

타인의 허물만을 쫓는 사람이
가장 허물 많은 사람이다

다른 사람의 치부를 파헤치기 좋아하는 이들이 있다. 사람을 조목조목 뜯어보면서 오점을 찾아낸다. 그러나 그동안 자신이 가장 많이 오염된다는 사실을 깨닫지 못한다.

허물이 없는 사람은 없다. 누구나 그 허물을 씻기 위해, 다시 같은 허물을 반복하지 않기 위해 노력하며 살아간다. 그런 사람에게서조차 치부나 허물만 찾으려고 한다면, 가장 악취를 풍기는 것은 다름 아닌 그 자신이다.

웃는 얼굴로 다가오는 자를 조심하라

항상 웃는 얼굴의 사람을 조심하라. 자신의 의도를 숨기기 위해 웃음이라는 가면을 쓰고 있는 것이다. 기꺼이 호의를 내보이며 웃는 얼굴로 대해주면서 방심하게 만든 다음, 자신의 마음대로 휘두를 수 있다.

그에게 드러낸 솔직한 심정이나 사정을 소문으로 흘려서 명예를 훼손하거나 약점으로 잡아 이용하는 사람도 있다. 자신의 문제를 덮기 위해 나의 문제를 부각시키는 방법을 쓸 수도 있다.

곧바로 악의를 드러내는 사람에게도, 웃는 얼굴로 호의를 건네는 사람에게도 마음을 쉽게 다 내보이지 말고 조심하는 것이 좋다.

무례한 자는 정중히 피하라

우리는 살아가면서 다양한 사람들과 만난다.

그러나 모든 사람과 원만한 관계를 맺을 수는 없다. 개중에는 서로 상처를 주는 관계, 한없이 불쾌한 관계도 있다. 사람과의 교류라고 하는 바다여행은 절대로 편한 것만이 아닌, 잘못하면 예기치 못한 암초에 걸려 난파를 초래하기도 한다.

그 안에서 내가 가장 안전할 방법은 '보지 않은 척한다', '듣지 못한 척한다'라는 것이다. 하지만 이것은 의도적으로 하는 행동인 만큼 상대에게 실례가 되지 않도록 한다. 이 방법을 사용하면 위험을 피할 수 있을 것이다.

내 곁에 두어야 할 사람

가진 자의 행운은 곁에 사람을 잘 두는 데에도 있다. 윗사람이든 아랫사람이든 일을 잘하는 사람을 곁에 둔다면 행운의 길에 들어선 셈이다.

지혜를 알고 있는 사람을 자신의 심복으로 삼을 수 있다면 천군만마를 얻은 것과 같아 삶을 살아가는 데 많은 도움을 받게 될 것이다. 나 자신보다 깊은 사고력과 위대성을 지닌 사람과 같이 일을 한다는 것은 인생을 살면서 최대의 기쁨이 아닐 수 없다.

호의를 낭비하지 말라

누군가 나에게 호의를 보일 때 가볍게 여겨서는 안 된다. 인간관계는 호의로 시작해서 그것을 쌓아가고 지속하는 것이다. 작든 크든 호의를 통해 모든 것이 이루어진다. 그것을 낭비해서는 안된다. 항상 감사히 여기고 호의로 보답하려고 노력하라. 특히 현명한 사람의 호의를 받는 것이 중요한데, 그에게는 올곧은 인품과 명성이 있어서 나 자신을 더 나은 사람이 될 수 있도록 이끌어준다.

누군가에게는 칭찬인 것이
누군가에게는 모욕이 된다

당신의 의도가 선하든 악하든 중요치 않다. 상대가 어떻게 받아들이냐가 중요하다. 당신이 좋은 의도로 한 말도 상대가 듣기에는 모욕일 수 있다. 칭찬으로 건네는 말이라고 무조건 받아들여지는 것이 아니다.

칭찬을 할 때도 신중히 해야 한다. 외모에 자신이 없는 상대에게 그에 대한 칭찬을 한다면 고마워하는 사람도 있겠지만, 오히려 외모를 관찰했다는 사실 자체에 화를 낼 수도 있는 것이다. 항상 상대의 성향과 기분을 먼저 헤아리고 칭찬을 건네라.

거절을 연습하라

무엇이든 흔쾌히 승낙하는 사람은 모두가 좋아한다. 하지만 그 사람 자신은 괴로울 뿐이다. 반드시 거절하는 방법을 알아야 삶이 편하다.

인간관계에서 언제나 승낙만 할 수는 없다. 타인을 배려한다는 이유로 거절하지 못하고 나와 전혀 상관도 없는 일에 시간을 낭비하지 말라. 모두를 배려하다가 정작 자신을 괴로움에 빠뜨리는 경우가 많다. 상대가 기분 나쁘지 않게 내 사정을 설명하되 거절 의사는 단호하게 밝혀라.

의심이 효과적일 때가 있다

하나의 정보에 대해 더 많은 것을 알고 싶을 때는 반박의 기술을 써라. 침착하게 상대가 말한 정보에 대해 의심을 제기하면 새로운 사실을 더 알아낼 수 있다. 살짝만 자극하면 상대가 흥분해서 모든 것을 털어놓을 가능성이 높다. 단, 상대의 말을 믿지 못하겠다는 것이 아니라 그 정보의 진의가 궁금하다는 것을 분명히 해야 한다. 상대의 말 자체를 신뢰하지 못하겠다는 느낌을 주면 열려 있던 마음의 문이 닫혀버릴지도 모른다.

현명한 사람의 한마디에
귀 기울여라

현명한 사람은 우아함과 지성이 돋보인다. 그들이 세상에서 더욱 돋보이는 이유는, 그들이 항상 자신이 지닌 지혜로움을 필요한 시점에 딱 맞게 드러내기 때문이다. 대중들이 현명한 사람을 따르는 이유다. 다른 수많은 말들이 아닌 그들의 한마디에 귀 기울여라. 거기서 더 배우는 것이 많다.

지식은 양날의 검이다

뛰어난 지성도, 재능도 목적이 없으면 사용할 방도가 없다. 둘 다 올바른 목적을 가지고 있어야만 살릴 수 있다. 예를 들어 날카로운 부엌칼을 솜씨 좋은 요리사가 사용하면 칼이 가진 본래의 기능을 발휘할 수 있다. 미숙한 사람의 손에 쥐어지면 그것을 솜씨 좋게 사용하기는커녕 큰 상처를 입을지도 모른다.

만일 나쁜 목적으로 휘두르면 사람에게 상처를 주는 위험한 흉기가 된다.

나쁜 목적으로 사용하는 지성이나 재능만큼 무서운 것은 없다.

예의는
어떤 마음의 문도 열 수 있는 열쇠다

예의 바른 사람은 모든 이들의 호의를 얻어낸다. 무례한 사람은 경멸만이 뒤따를 뿐이다. 예의 하나로 수만 가지를 얻을 수 있는 데, 무례를 택할 이유가 있는가? 어떤 사람이 될 것인가는 논할 필요도 없는 문제다. 더 나아가서 나의 적에게도 예의를 갖추어라. 결코 손해를 보는 일이 아닌 자신의 명예를 지키는 일이다.

때로는 남에게 미뤄라

당신이 시간과 노력을 들여봤자 득이 없는 일은 남에게 미뤄라.
교활하다 할지라도 그것이 당신의 것을 낭비하지 않는 방법이다.
실패하지 않으려고 애쓰는 것보다 실패할 일을 만들지 않는 게
더 현명한 처사다.

카멜레온처럼
변할 줄 알아야 한다

매사에 너무 진지한 것도 너무 가벼운 것도 좋지 않다. 중요한 이야기를 할 때 너무 진지한 사람과는 대화하기 전부터 부담스럽고, 너무 가벼운 사람과는 논의할 필요를 느끼지 못한다. 때에 따라 진지하게 또 재치 있게 굴 수 있다면 이야기의 무게와 상관없이 모든 것을 공유할 수 있는 사람이 된다.

명예가 명분인 싸움에는
끼어들지 말라

세상에서 '명예를 위한 싸움'만큼 멍청한 것은 없다. '명예'라는 것은 실체가 없는 불명확한 것이다. 서로 자신의 명예를 지키려고 엎치락뒤치락 싸움을 벌일 때는 분명한 결말이라는 게 있을 수 없다.

개인뿐 아니라 국민성이라는 명예를 걸고서 싸우는 경우도 적지 않다. 이런 변변치 않은 싸움에 휩싸인다면 그것이 재난이다.

'명예'라는 이름을 걸고 하는 싸움은 끝없이 희생자들만 양산한다. 시기를 봐서 벗어나는 것이 가장 현명한 선택이다. 더러운 진흙탕 싸움에 머물러 있으면 자신만 상처를 입을 뿐이다.

헷갈리게 하는 사람에게는
빠른 결정을 유도하라

정반대로 말하는 사람이 있다. 그들은 원하는 것일수록 별것 아닌 것처럼 말하고, 어떤 일에 대해 유독 불평하지만 실은 칭찬하는 것이다.

마음에 들지 않은 것에 대해서는 정반대로 칭찬을 늘어놓기도 하는데, 좋은 것에 대해서는 말을 아끼고 싫은 것에 대해서는 칭찬을 더하여 사람을 헷갈리게 한다. 이런 사람을 대할 때는 빨리 결정하도록 유도해보라. 또, 그가 칭찬한 것으로 결정하겠다고 한 마디 던지는 순간에 그가 정말로 칭찬한 것인지, 그런 척한 것인지 알 수 있다.

경쟁자의 예상을
빛나가게 하라

현명한 사람은 절대로 상대가 예상하는 수를 쓰지 않는다.

일을 할 때 자신의 우선순위와 처리방식을 들키지 않고 순서를 자유자재로 변주할 수 있다. 그것이 가능한 이유는 그 일의 1부터 100까지에 모두 능숙하고 머릿속에 그 방법이 깨끗하게 정리되어 있기 때문이다.

방식을 늘 다르게 해야 경쟁자가 예상하지 못한다. 호시탐탐 내 자리를 넘보는 자를 뛰어넘으려면 교활함과 현명함의 경계를 오가야 하는 것이다.

무시하는 것이
묘책일 때가 있다

원하는 것을 얻고자 할 때 무시하는 것이 방법일 때가 있다. 열심히 쫓을 때는 얻지 못하다가 잠시 떠나 있을 때 얻게 될 수도 있다. 세상의 모든 것은 실체의 그림자이기에 따라가면 도망가고 놓아줬을 때 따라온다.

또한, 최고의 복수는 무시하는 것이다. 그들의 이름이 길가의 돌멩이보다도 못한 존재가 됐을 때 얼마나 우습겠는가. 비판을 꺼뜨리는 방법도 마찬가지다. 하나하나 대응해봤자 비판의 먹잇감이 될 뿐이다.

깔때기가 필요한 이유

사람을 설득할 때는 알기 쉽게 말하는 것이 최선이다. 아무리 좋은 내용이라도 전달되지 않으면 의미가 없다. 단, 듣는 사람의 이해력에는 정도의 차이가 있다. 용량보다 병목이 작은 사람도 있다. 이쪽의 이야기를 다른 병에 따르기 위해서는 '깔때기'가 필요하다.

현명한 사람은 듣는 사람의 입장에 서서 이야기를 구성할 수 있다. 어리석은 사람은 자신을 현명하게 보이려다가 실패한다.

어려운 말이나 장황하고 지루한 표현은 사람을 곤혹스럽게 한다. 자신을 크게 보이려고 허영을 부리면 얕은 바닥이 드러나기 마련이다.

실체가 경박할수록
겉모습을 꾸민다

사람의 겉모습만 보고 섣불리 사람을 판단했다가 나중에 실체를 보고 놀랄 때가 있다. 실체를 위장하기 위해서, 의식적으로 꾸민 겉모습을 가지고 있는 경우도 적지 않기 때문이다.

해탈한 고승이 세상의 때에 찌든 속물이거나, 약자를 위하는 자선가가 위선에 찬 탐욕가이거나, 매너 좋은 신사가 사실은 사기꾼이거나. 실체가 경박한 사람일수록 겉모습을 꾸미는 기술은 뛰어나다. 와인 라벨을 바꿔치기 하는 것은 실은 아주 손쉬운 일이기 때문이다.

와인의 가치를 라벨로 결정해서는 안 된다. 와인의 가치는 혀로 맛을 보았을 때 비로소 알 수 있다.

호의는 호의로서 갚아라

호의를 주고서도 되갚아야 할 의무로 여기게 만드는 사람이 있다. 냉정하게 봤을 때 그가 나에게 준 것은 호의 하나뿐인데, 되갚아야 할 의무는 무겁다. 예를 들어, 누군가 일자리를 소개해줬을 때 그것은 대단히 고마운 호의임에는 분명하나 그것을 해내는 것은 나 자신이다. 그것을 해냈을 때 상대에게 고마움을 표하는 것은 당연한 도리다. 되갚아야 할 은혜인 것도 분명하다. 다만, 신세를 진 것처럼 생각해서는 안 된다. 호의는 호의로 갚아야 한다. 더도 말고 덜도 말고 딱 그 정도로 갚아라. 신세를 진 사람처럼, 빚을 갚는 사람처럼 저자세를 취하지 말라.

자신에게는 관대하고
남에게는 가혹한 사람과의 관계

매사에 악담으로 일관하는 사람이 있다. 이렇게 해도 트집 잡고 저렇게 해도 불평한다. 자신에게는 관대하면서 남에게는 가혹하다. 만약 당신의 곁에 이런 사람이 있다면 스스로 물어보라. 왜 그 사람과 관계를 맺고 있는가? 그는 언제나 당신의 일상을 초라하게 만들어버릴 수 있다. 그저 말 한마디를 사용해서 말이다. 어쩌다 칭찬을 듣는다한들 그것이 당신에게 무슨 의미가 있겠는가? 당신을 지키려면 그 관계에 대해서 진지하게 고찰해보라.

'하나만 보면 열을 안다'는
말을 조심하라

하나만 보면 열을 안다는 말이 있다. 하지만 사람을 볼 때는 이 말을 경계해야 한다. 우리는 누군가를 제대로 알기도 전에 판단을 끝내버리고 싶어할 때가 있는데, 지혜로서 그것을 통제해야 한다.

나중에 그가 내게 정말로 필요한 사람인 것을 깨달았을 때는 늦는다. 사람이 품은 적의는 모를 수가 없기 때문이다. 다시 말해 적의를 품고 그를 대해왔다면 그가 모를 수가 없는 것이다. 타당한 이유가 있는 것이 아니라면 하나만 보고 사람을 판단하지 말라.

입으로만 외치는 정의는
쓸모없다

정의란 진리를 지키는 수호신과 같다.

그러나 정의를 '관철'하는 것은 '생각'보다 훨씬 어렵다.

입으로만 '정의'를 외칠 뿐 행동이 따르지 않는 사람이 많다. 평온할 때에는 정의를 입에 담으면서도 자신에게 위험이 닥치거나 상황이 나빠지면, 바로 태도를 바꾸는 경우도 적지 않다.

진정한 정의감에 불타는 사람은 정의를 입에 올리지 않는다. 권력에도 굴하지 않고, 영합하지도 않는다. 흔들림 없는 신념을 가지고 언행일치를 실천하는 것만이 중요하다.

명예를 중시하는
사람을 가까이하라

명예심이 없는 사람은 멀리하는 것이 좋다. 왜냐하면 명예를 중시
한다는 것은 올바른 삶의 근원인데, 그런 중요한 명예를 중시하지
않는 사람이라면 뜻이 없고, 믿을 수 없는 사람임에 틀림없다.

명예심이 있고 책임감이 큰 사람과 사귀어야 한다. 이런 사람이
라면 책임을 공유할 수 있다.

만일 그런 사람과 불화가 생겨도 믿음을 배신하는 일은 하지 않
는다. 절조가 없는 사람과 사이좋게 지내기보다는 정의의 사자로
서 싸우는 편이 오히려 명예로운 일이다.

3장

내가 선택한 것만이
나의 태도가 된다

무엇을 마음에 새기고
살아갈 것인가

시대가 변화하듯 사람들의 가치관, 사고방식, 취향도 변한다. 지식조차 유행하는 분야가 달라진다. 시대의 변화에 발맞춰 나아가지 않으면 도태된다. 그러나 세상에는 절대 변하지 않는 진리라는 것이 있으니 예의, 미덕, 선행 등이 그것이다. 마음에 새겨두어야 할 것과 마음에서 버려야 할 것을 구분할 줄 알라.

배움을 천성으로 알고 살아온 사람들의 학식을 빌어 자신의 맹점인 무지를 메울 수 있는 것이다. 바로 그 자체에서 행복이 온다. 무지한 자들이 범하는 실수는 끝이 없기에 삶 자체가 힘들다.

우리의 생을 인도하는 지혜로운 자들은 자신이 지닌 모든 배울 점들을 쌓아둔 채 그것을 우리에게 전수한다. 깨닫기엔 멀기만 한 인생살이, 그것을 단숨에 극복해주는 것이 바로 현명한 자들이 내미는 가르침인 것이다.

자신에 대해 말하기를
좋아하지 말라

자신에 대해 말할 때 그것이 자랑이라면 허영심 가득한 사람으로
보이고, 그것이 자책이라면 자신감 없고 소심해 보인다. 어느 쪽
이든 말하는 사람이 어리석어 보인다.

특히 여러 사람이 있는 자리에서 존재감을 심어주기 위해 이러쿵
저러쿵 자신에 대해 말하지 말라. 자신이 원한 것과 정반대의 존
재감을 얻게 될 것이다. 또, 상대에 대해 이야기할 때도 조심해야
하는데, 칭찬이라면 아첨으로 들리고 아니라면 험담으로 들릴 여
지가 크다.

말과 행동에서 당당하라

말과 행동에 당당한 사람이 명성을 쌓고 존경을 받는다. 당당함은 모든 면, 즉 교제, 말, 시선, 심지어 걸음에서도 나타난다. 남의 마음을 사로잡는 것이야말로 커다란 승리다. 당당함은 어리석고 뻔뻔한 태도에서 생기는 게 아니고, 진짜 매력과 우월한 능력을 가졌을 때 자연스럽게 몸에 배어 있는 품위에서 나온다.

거절에도 요령이 필요하다

'Yes'인가 'No'인가?

말하는 것은 쉽지만 그전에 잘 생각하는 것이 중요하다. 간단히 'Yes'를 연발하면 자신의 목을 조르는 것과 같다. 또 'No'라고 말하지 못하는 사람은 다른 사람에게 이용당하기 쉽다. 'No'는 심성이 여린 사람일수록 사용하는 것을 주저하는 경향이 있기 때문이다. 따라서 필요한 때에는 마음을 다잡고 말해야 한다.

그러나 모든 일에 대해 남발해서는 안 된다. 무슨 일이든지 처음부터 거부하는 것은 좋지 않다. 오히려 부탁하는 쪽이 자신의 잘못을 깨닫도록 순서를 밟아서 조금씩 'No'를 꺼내가야 한다. '거절의 쓴맛'을 완화하기 위해서는 '희망의 단맛'을 첨가하는 것도 중요하다.

중요한 사람인 척하지 말고
실제로 중요한 사람이 되어라

'자신감'과 '자기만족'은 전혀 다르다. '자신감'은 말 그대로 자신을 믿는 것이다. 근거 있는 자신감은 나뿐만이 아니라 다른 사람을 감동시키고 존경받는다.

반면 '자기만족'이란 스스로 자신의 말과 행동에 감탄하는 것일 뿐이다. 다른 사람은 감탄도 하지 않고 존경도 하지 않는다. 게다가 세상으로부터 놀림을 당하는 것도 깨닫지 못하는 경우가 많다.

주위로부터 박수와 칭송을 받기 위해 '나는 이 정도로 대단한 사람이다', '이런 큰일을 해냈다'라고 우쭐해서 자랑하는 모습은 보는 것만으로도 안쓰럽다. 스스로 과시하는 사람은 그 능력이 실제로 대단하더라도 인정받기 어렵다. 자신이 행한 일과 노력 그 자체를 우선순위에 두고 남들의 인정은 그다음에 두어라. 소신에 따라 살고 그 외의 것에 휩쓸리지 말라. 중요한 사람인 척하지 말고 실제로 중요한 사람이 되어라.

있는 힘껏 빛나려는 불은
금세 사그라든다

다 잘하려고 하는 마음이 스스로를 고역에 빠뜨리기도 한다.

누구든 탁월해지고 싶은 마음 때문에 힘들어한다. 어디서도 쓸모가 없다는 것은 불행한 일이지만 어디서든 쓸모가 있으려고 하는 것 또한 불행하다. 그 모든 것을 유지하려다가 결국 모든 것을 잃게 될지도 모른다.

횃불은 활활 태울수록 더 빨리 사그라든다. 오래도록 불을 밝히려면 조절해야 하는 것처럼 모든 분야에 과다하게 열정을 쏟아붓고 잘하려는 마음을 조절해야 한다.

바보는 자신이 아닌
다른 사람이 바보라고 장담한다

사람들은 자신이 옳다고 믿는 것 이상으로 다른 사람이 바보라고
여긴다. 세상에 어리석음이 가득하고 지혜는 구하는 자들만이 얻
을 수 있다. 지혜로워지려면 지혜로운 척만으로는 부족하다. 자
신이 모든 것을 통달했다고 자부하는 사람이 눈먼 자고, 끊임없
이 알고자 하는 사람이 아는 자다. 누가 더 바보에 가까운가?

실수를 바로잡지 않으면
그것과 함께 제거된다

자신이 반복하는 실수가 있는지 점검해보라. 모든 것이 완벽한 사람에게도 반복적으로 저지르는 실수는 하나쯤 있다. 스스로를 되돌아보고 실수를 바로잡으려고 노력한다면 다행이지만 그것을 오히려 자신의 특색으로 치부하는 이들이 있다. 결과만 좋으면 된다는 생각으로 그 과정 속에서 같은 행동을 루틴처럼 반복하는 것이다. 이것은 다른 사람들을 배려하지 않는 행동이다. 여럿이 함께 하는 일에서는 한 사람의 실수가 곧 전체의 실수가 된다. 반드시 바로잡지 않으면 그 결함과 함께 당신이 제거될 것이다.

할 수 있는 일 중에서
하고 싶은 일을 하라

일을 하는 것은 먹고살기 위해서인가, 좋아하는 일에 헌신하고 싶어서인가, 꿈을 붙잡기 위한 수단인가, 세상으로부터 손가락질을 받고 싶지 않기 때문인가?

이유는 사람마다 다르지만 필요한 조건도 일에 따라 각각 다르다. '하고 싶은 일'이 있다고 반드시 그 일에 종사할 수 있는 것은 아니다. 뛰어난 두뇌가 필요한 일, 체력이 필요한 일, 기지를 요하는 일, 독창성 없이는 이룰 수 없는 일……. 직업을 선택하는 것은 자유다. 그러나 선택한 일에 종사하기 위해서는 그전에 자신의 자질이나 특기가 요구된다는 것을 잊지 말아야 한다. '할 수 있는 일' 중에서 '하고 싶은 일'을 선택하라. 그것이 일을 통해 삶의 가치를 얻을 수 있는 방법이다.

체면을 내세워봤자
득은 없다

사람에게는 묘한 자존심이 있다. 다른 말로 '체면'이라고 한다. 상대방의 말이 옳다는 것을 알아도 그것을 순순히 인정하지 않는다. '체면에 관계된다'라는 이유로 끝까지 자신의 주장을 굽히지 않고 반발하지는 않는가?

그러나 승부는 처음부터 빤하다. '정론'이라는 무기를 가지고 있는 사람의 승리다. '완강함'이라는 무른 무기로는 도저히 맞설 수 없다.

다른 사람과 토론할 때는 먼저 자신이 이치에 맞다는 것을 주장해야 한다. 만일 거기서 자신의 잘못을 깨달았다면 바로 정정해야 한다. 자신의 잘못을 인정하는 것은 괴로운 일이다. 그러나 결과적으로는 떳떳한 사람으로 평가받아서 절대로 손해를 보는 일은 없다.

지울 수 없는 얼룩은
애당초 만들지 마라

저속한 일에 손을 더럽혀서는 안 된다. 한 번 물들면 그것을 씻어 내는 것은 대단히 곤란하다. '두 번 다시 되돌릴 수 없다'는 강한 자각을 갖는 것도 간단한 일이 아니지만, 그것보다 성가신 것이 세상의 목소리다. 설사 과거의 일이라고 해도 '손을 더럽혔다'고 하는 사실은 지울 수 없다. 또 그 저속한 세계에서 쌓아 올린 부의 경험은 절대로 긍정적으로 작용하지 않는다. 큰 얼룩을 지우는 데에는 아주 많은 시간이 든다.

또 짙은 얼룩을 지우는 데에는 강력한 세정제가 필요하지만 지워 지지 않는 얼룩도 많다. 한 번 나쁜 평가가 나면 눈 깜짝할 사이에 퍼진다. 더럽혀진 명예를 회복하기 위해 많은 시간과 비용이 들 것이다.

모두가 좋아하는 것에
반기를 들지 말라

모두가 좋아하는데 나 혼자 싫은 경우가 있다. 하지만 모두가 좋아하는 데에는 반드시 이유가 있다. 좋은 이유는 저마다 다를 수 있지만 좋다는 것은 하나의 사실이다. 당신이 그것을 이해하지 못하고 비판한다면, 그것은 소신이 아니라 스스로 안목이 없다는 것을 밝히는 꼴이다. 장점을 발견하지 못했다면 조용히 다시 살펴보아라. 모두가 그렇다고 말하면, 실제로 그러하거나 그들이 앞으로 그렇게 만들어갈 것이다.

지식은 양보다 질이다

이 세상의 지식이라는 지식을 모두 완벽하게 배우는 것은 불가능하다. 비록 도전해도 완성하는 사람은 없다. 그것보다는 한 분야에 초점을 맞춰서 지식을 깊게 파야 한다. 그러면 거의 완벽에 가까운 수준까지 도달하는 것이 가능하다.

중요한 것은 '양'보다도 '질'이다. 지식이 넓은 것만으로는 어느 분야에서도 평범한 범위를 벗어날 수 없다. 비범함을 지향한다면 한 가지 길을 끝까지 추구할 것. '자신밖에 할 수 없는', '이것만은 누구에게도 지지 않는' 길을 추구한 사람만이 사람들에게 전문가로 존경받는다.

말을 자주 바꾸는 사람은
신뢰받지 못한다

재능은 갈고닦으면 날로 광채를 더하고 내버려두면 녹이 슬어간다. 육체도 단련하면 강해지고, 단련을 멈추면 세월과 더불어 쇠퇴해간다. 이것들은 날로 변화하는 것이 당연하다. 반면 주의나 주장, 그에 수반되는 행동은 일관되어야 한다. 그런데 분명한 이유나 중대한 사정이 있는 것도 아닌데 말과 행동을 번복하는 사람이 있다.

어제의 발언과 오늘의 발언이 다르고, 타인의 의견에 좌우된다. 바람의 방향에 따라 빙글빙글 방향을 바꾸는 모습은 흡사 풍향계와 같다. 이러한 사람은 자신의 명예를 스스로 상처내고 있다는 사실을 깨닫지 못한다. 말이나 행동에 일관성이 없는 사람은 결국에는 어느 누구에게도 신뢰를 받지 못하게 된다.

자신의 발로 서고
자신의 머리로 생각하라

지혜롭지 못한 사람은 자신의 판단으로 행동하지 않는다. 타인에게 의지하고 타인의 지시에 따르는 방법밖에 모른다.

덕이 없는 사람은 무엇을 해도 결실을 맺지 못한다. 다른 사람에게 존경받지도 못한다. 경험이 없으면 무엇을 해도 불안정하다. 캄캄한 밤에 앞이 보이지 않는 길을 손으로 더듬어가며 걸어갈 수밖에 없다.

자신의 발로 서고, 자신의 머리로 생각하라. 진정한 의미에서 자립한 굳센 삶의 방식을 원한다면 더 이상 두려울 것은 아무것도 없다. 지혜와 도덕이 탁월한 그리스의 철인 디오게네스는 자신을 믿고, 자신만을 의지하여, 자신 속의 일체를 소유해서, 독립자존의 위인으로 유유자적할 수 있었다.

행운의 여신은
인내하는 자를 향해 웃는다

천재일우의 기회는 오랜 시간을 인내해야 찾아온다. 현명한 사람은 그 기회가 오기까지 자신을 갈고닦으며 시간을 쓴다. 먼저 자신을 다스릴 줄 알게 되면 절대 흔들리지 않고 끝까지 갈 수 있다. 스페인 왕 펠리페 2세는 '나는 또 다른 시간의 나와 겨루고 있다'고 말했다. 기다리는 자에게 마침내 행운이 찾아온다.

항상 기회에 대비하는 태도

기회가 찾아왔을 때 망설이지 않고 바로 결단을 내리고 실행에
옮기는 사람이 있다. 그 원동력이 되는 것은 '자신감'이다.
평소에 자신을 갈고닦기 때문에 체력과 지력 그리고 정신력에도
절대적인 자신감을 가지고 있다. 그래서 어떤 일에도 휘둘리지
않는다. 비록 실패했다고 해도 자신감은 흔들리지 않는다. 다음
에 찾아올 큰 기회에 대비해서 한층 자신을 단련한다. 그들에게
는 실패조차 하나의 기회이다.

자신의 지도를 그려보라

당신의 지향점은 어디에 있는가? 그것을 실현시키기 위해서는 자신의 지도를 그려보는 과정이 필요하다.

영민한 머리, 흘러넘치는 지성, 정확한 판단력, 풍부한 인간성……. 처음부터 모든 것을 갖출 수는 없다. 노력을 쏟아부어도 좀처럼 잘 되지 않을 때도 있다.

그러나 자신이 그린 목표점을 향해서 노력하는 사람은 똑같이 높은 곳을 지향하는 동료로부터 반드시 인정을 받는다. 그리고 동료와 힘을 합침으로써 상승효과를 일으켜, 하루빨리 목표점에 도달하고 자신의 지도를 완성할 수 있다.

정답은 내 안에 있다

항상 자신의 마음을 단련해야 한다. 잘 단련된 마음은 언제라도 당신의 믿음직한 아군이 되어준다. 인생의 중요한 순간에 당신은 무엇을 기준으로 판단을 하는가? 타인의 도움에 의지하지 않는 것, 점이나 예언자의 금언에 의지하지 않고 믿을 수 있는 것은 자기 자신이다. 그리고 최종 결단을 내리는 것도 자기 자신이다.

이를 위해서는 평소부터 정신을 단련해야 한다. 자신의 마음은 정답을 알고 있다. 그렇게 하면 어떤 역경에 직면한다고 해도 멋지게 극복할 수 있다.

내면의 목소리에 귀를 기울여봐야 한다. 반드시 믿음직한 대답을 이끌어낼 수 있을 것이다.

사람이 성장하는 순간

옆집 정원에 핀 장미를 보고 '우리 집 장미보다 아름답다'라고 한숨을 쉴 때가 있다.

다른 사람이 먹고 있는 음식이 자신이 먹고 있는 음식보다 맛있어 보일 때가 있다. 다른 나라의 아름다운 경관이나 좋은 점을 보고 들을 때마다 우리나라가 초라하게 보일 때도 있다.

사람에게는 다른 사람을 부러워하고 자신을 불쌍하게 여기는 경향이 있다. 이 때문에 마음은 늘 파란이 일고 초조해지기 마련이다.

그런 자신의 나쁜 습관을 깨닫고 개선하고, 지금의 자신에게 감사할 때 사람은 크게 성장할 수 있다.

승자는 해명이 필요 없다

무엇이든 과정을 중시해야 한다. 거기에 의미가 있다. 하지만 좋은 결말이 아니라면 세상은 노력으로 쌓은 과정을 인정해주지 않는다. 승자는 해명이 필요 없다. 패자만이 해명을 필요로 한다. 따라서 목표 달성을 최우선으로, 전략적으로 행동해야 한다. 비록 세상이 정해놓은 규칙들을 무시하는 것일지라도 말이다. 그 또한 삶의 규칙이다.

지나친 확신은 금물이다

자신만만한 것은 좋은 일이다. 그러나 그로 인해 매사에 지나치게 확신을 갖는 것은 마이너스다. 자신감은 자신의 능력을 인식하는 데서 나오는 데 반해 확신은 자기최면에서 나온다.

무슨 일이든 너무 좋게 느껴지는 일들 속에는 함정이 있다. 그것은 가시와 같다. 함정과 가시를 발견하지 못하고 큰 행운이라고 착각한다면 많은 것을 내주어야 할 수도 있다.

내게 유리한 것은 적들에게도 마찬가지다. 세상을 살다 보면 승리해서 얻을 수 있는 것들보다 고집을 부려 잃게 되는 것들이 더 많다. 완고한 인간은 진리를 보여주는 것이 아니다. 그것은 조잡한 성격만을 보여줄 뿐이다. 완고함은 자신의 무지에서 나오는 경우가 태반이다.

나의 의견을 지키는 방법

다수가 믿는 하나의 의견이 있을 때 그것을 거스르는 것은 나 자신을 위험에 빠뜨린다. 자신의 의견, 특히 지배적인 의견에 이의를 제기하는 것을 공격으로 생각하는 사람이 많기 때문이다. 따라서 현명한 사람은 섣불리 자신의 의견을 표명하지 않고 침묵을 지킨다. 그 의견에 대한 칭찬도, 비난도 하지 않고 소수의 사려 깊은 사람들과 자신의 지혜를 나눈다.

자신을 아낄 줄 아는 사람이
타인도 아낄 수 있다

자신을 아낄 줄 아는 사람이 타인도 아낄 수 있다. 사람은 자신이 경험한 만큼만 행할 수 있다. 자신에게 다정한 적 없는 사람이 타인에게 어떤 방식으로 다정할 수 있겠는가. 서투르게 이론적인 것만 행할 뿐이지, 그 이상은 하지 못한다. 관계가 깊어졌을 때 그것이 문제로 작용할 것이다.

결점을 개성으로 바꿔라

카이사르는 대머리가 되자 항상 월계관을 쓰고 다녔고 그 모습은 하나의 상징으로 자리매김했다. 자신의 결점을 개성으로 바꾸는 것이야말로 탁월함의 징표다. 완벽한 사람은 없으니 자신의 결점을 어떻게 특별한 장점으로 살려낼지 고민하라. 사람들은 완벽한 군자에게서조차 결함을 찾아내려고 한다. 태양을 가리는 데는 구름 한 조각이면 충분하다. 수많은 장점과 하나의 결점 중 기억에 남는 것은 후자다.

삶은 선택의 연속이다

우리는 수많은 선택을 하면서 살아간다. 삶의 대부분이 선택에 의해 좌우된다.

올바른 선택을 할 수 있으려면, 후회 없는 선택을 할 수 있으려면 어떤 능력이 필요할까?

아무리 학식이 많으며 조심성이 있는 사람이라 할지라도 선택을 잘못해 평생을 후회하는 경우가 있다. 세상을 살다 보면 어떤 것이 함정인지 알 수가 없다. 잘나가던 사람들도 한순간에 무너져 밑바닥 인생으로 전락하고 만다. 그가 함정에 빠졌는지는 모른다. 하지만 그의 인생은 이미 빗나가버린 것이다. 단 한 번의 선택으로 말이다.

인생은 수많은 선택으로 이뤄진 만큼 그 어떤 학식이나 달관보다 선택을 위한 직관력을 높이는 것이 최고의 덕목이다.

반성은 한 번으로 충분하다
다음의 행동이 중요하다

작은 잘못에 집착해서는 안 된다.

자신이 범한 잘못을 언제까지나 후회해도 본래대로 되돌릴 수는 없다. 반성은 한 번으로 충분하다. 그것보다는 앞을 내다보고 준비를 하는 편이 훨씬 유익하다. 마찬가지로 타인의 잘못을 언제까지나 책망해서는 안 된다. 작은 잘못은 보완해주고, 경우에 따라서는 보고도 못 본 척해도 괜찮다. 그릇이 큰 사람이 되고 싶다면 그 정도의 도량을 보여줄 여유가 필요하다.

칭찬과 과장의 경계를 구분하라

과장하는 것이 습관인 사람이 있다. 때에 따라 과장은 말에 풍부함을 더해주지만 역효과를 불러올 수도 있다.

누군가 내게 최상급이 아닌 물건을 파는데 마치 최상급인 것처럼 말한다면 어떻겠는가? 진실은 손상되고 상대를 바보 취급하는 처사가 된다.

또, 칭찬과 과장을 구분해야 하는데, 칭찬은 호기심과 흥분을 자아내지만 과장은 판단력을 흐리고 잘못된 결정을 불러일으킨다. 과장은 거짓말과 그 경계가 모호해서 신뢰를 잃게 될 위험이 있다. 현명한 사람은 진실에서 벗어나는 말을 하지 않으려고 조심한다.

결코 스스로의 판단력 잃지 말라

타인의 권위보다 자신의 판단력에 더 경외심을 가져야 한다. 자신의 판단력을 내세워서 고집부리라는 의미가 아니다.

아무리 권위가 높은 사람이라 할지라도 잘못된 판단을 할 수 있다. 거기에 대해 맹목적으로 수긍하는 것이 아니라 자신의 판단력으로 헤아릴 줄 알아야 한다는 것이다. 스스로를 아무런 사고도 지성도 없는 존재로 만들지 말라.

항상 교제에 적극적으로 임하라

다양한 사람들과 어울리고 교제하는 일은 인생에 도움이 된다. 사람들이 지닌 인품, 재능, 취향을 나도 모르는 사이에 습득할 수 있다. 돈을 주고서도 배울 수 없는 것을 쉽고 빠르게 배우는 것이다. 그러한 이점을 알고 다른 사람들과의 교제에 적극적인 자세를 취한다면 좋다.

그리고 더 나아가 대립하는 사람과의 교제에도 적극적이라면 훌륭한 경지에 이르렀다고 할 수 있다. 서로 양극단에 서 있는 사람들이 합의점을 찾았다면, 불필요한 것들을 걸어내고 누구라도 만족할 만한 중간점에 이를 수 있기 때문이다. 그것이 모든 사람을 포용하고 어울릴 줄 아는 사람이 되는 길이다.

딱 맞는 시기에
딱 맞는 것을 가려낼 줄 알라

많은 사람이 일의 적기를 놓치는 이유는 알아채지 못해서다. 딱 맞는 시기에 딱 맞는 것을 발견하는 것은 행운과도 버금가는 능력이다. 그 능력이 부족해서 많은 것이 수포로 돌아간다.

이때 현명한 친구의 적절한 조언이 있다면 도움이 되는데, 사람들이 고민이 있을 때 찾는 친구가 따로 있는 이유가 바로 그것이다.

만약 당신이 그런 친구라면, 그러한 분별력이 있다면 친구와 나누고, 분별력이 없다면 친구에게 도움을 구해라. 나눌 때는 조심스럽게 하고, 구할 때는 진지하게 구하라. 조언이 시기와 딱 맞아떨어진다면 금상첨화다.

성숙한 인간이 되어라

성숙한 외모도 빛나지만, 성숙한 태도는 더욱 빛난다. 무게가 무거울수록 귀금속이듯이, 도덕적으로 묵직할수록 귀중한 사람이다. 어떤 능력이든 성숙의 경지에 이르면 존경심을 자극한다. 사람의 태연함은 그의 영혼의 얼굴이다. 성숙함은, 바보들이 둔감해서 보이는 태도가 아니라, 차분하고 권위 있는 분위기에 있다. 성숙한 이들은 무심코 하는 말과 행동들이 그 자체로 완벽하다. 사람은 결국 성숙함으로 완성되니, 누구나 성숙한 만큼 완전했기 때문이다. 진지함과 권위는 어린아이처럼 행동하기를 멈출 때 생겨난다.

뜨거움으로 시작하되
냉정함으로 마무리하라

현명한 분별력으로 세상의 옳고 그름을 판단할 수 있는 사람은,
감정과 충동에 흔들리는 일이 없기에 냉정하게 보일 수 있다.
세상의 모든 일은 뜨거움에서 탄생하지만 그 이후부터는 냉정함
으로 처리해야 한다. 그래야만 본질에서 벗어나지 않고 처음의
것을 끝까지 지켜낼 수 있다.

강한 자만이
적에게도 관용을 베푼다

현명한 사람은 고결하고 대범한 정신으로 적에게도 예의를 갖춘다.

이러한 정신은 승기를 잡았을 때 더욱 진가를 발휘한다. 적을 방심하게 만들 뿐만 아니라, 승리 직전에 예기치 못한 관용을 베풀어 그것을 한층 더 통쾌한 승리로 이끌 수 있다.

이것이 최고의 정치이자 외교의 수완이다. 승리를 한 뒤에도 고결한 태도를 바꾸지 않고 결코 승리를 과시하지 않는다.

재능도 근면해야 꽃핀다

근면과 재능. 둘 중 하나만 없어도 소용 없고, 두 가지를 다 갖춰
야 탁월한 사람이 된다. 평범한데 부지런한 사람이, 우월한데 게
으른 사람보다 발전한다. 근면이란 명예를 얻으려면 치러야 하는
대가다. 대가를 덜 치를수록 얻는 가치도 작다. 심지어 최고위직
에 있는 사람들도 종종 부족한 건 근면성이지, 재능인 경우는 드
물다. 높은 지위에서 평범하게 지내는 게 낮은 지위에서 탁월한
것보다 좋다는 말을 좋은 핑계가 된다. 하지만 최고위직에서 탁
월할 수 있는데도 최하위직에서 평범한 상태에 만족한다는 것은
말이 안 된다. 그러니까, 삶에는 재능과 기술이 모두 필요한데, 그
것들을 완성시키는 게 근면이다.

껍질 속의 알맹이를 보아라

껍질 속의 알맹이를 보아라. 현명한 사람들은 속아주는 척하면서 알맹이가 드러날 때를 기다린다. 그럴싸한 말과 현란한 눈가림이 걷히고 본질이 드러나는 순간, 진짜를 가려낼 수 있다. 진실은 늘 마지막에야 온다. 깊이 숨겨져 있기 때문에 오직 지혜롭고 현명한 사람들만이 거기에 닿을 수 있다.

무분별한 지식은 재앙의 근원이다

지식에 선한 의도까지 겸비하면, 확실히 성공한다. 반면에 뛰어난 지성에 사악한 의도가 결합되면 비정상적인 재앙이 일어난다. 악의는 우수성을 망치는 독이다. 거기에 지능이 더해져봤자 더 치밀하게 파괴할 뿐이다. 오직 그 끝에 파멸만 있는 비참한 우월성인 것이다! 판단력이 없는 지식은 두 배로 어리석다.

꿀벌은 돼도 독뱀은 되지 말자

모든 것에는 장점과 단점이 있다.

장점에 눈길을 주는 사람은 행복한 사람이다. 자신도 여유로운 마음을 가질 수 있고, 장점을 가진 당사자도 분명히 기쁠 것이다.

불행한 것은 단점에만 눈길을 주는 사람이다. 장점에는 눈길도 주지 않은 채, 한 가지 단점을 끄집어내서는 소란을 피운다. 뒤틀린 마음으로 다른 사람의 마음을 짓밟고, 미움을 산다. 좋은 일은 하나도 없다.

꿀벌은 벌집을 만들기 위해 꽃의 꿀을 모은다. 독뱀은 체내에 독을 비축하기 위해 독액의 원료가 되는 오물을 먹는다. 인간에게도 꿀벌과 같은 사람과 독뱀과 같은 사람이 있다. 행복해지고 싶다면 독을 모으지 말고 꿀을 찾도록 하자.

일희일비할 필요 없다

세상 모든 것을 자신의 생각대로 통제하려는 자는 영락없는 바보다. 탁월함은 개인의 호불호에 달려 있지 않다. 머릿수만큼 많은 취향이 있고 다 다르다. 결함이라고 생각되는 것도 누군가는 좋아할 수도 있고, 어떤 사람들이 마음에 들어 하지 않는다고 상심할 이유가 없는 게 다른 이는 높이 평가할 수도 있기 때문이다. 마찬가지로 박수갈채에 우쭐할 필요도 없는 게 반드시 비난하는 사람도 나타난다. 진정한 찬사의 기준은 명사와 해당 분야 전문가의 인정이다. 당신은 특정인의 의견, 특정한 유행, 특정 시대로부터 초연해야 한다.

모든 일에 적정선을 지켜라

너무 맑은 물에는 물고기가 살지 않고, 과실을 지나치게 짜내면 쓴 물이 나온다. 즐거움도 지나치면 반드시 대가가 따라오고 괴로움이 지나치면 삶을 등지게 된다. 모든 일에서 적정선을 지키는 것이 중요하다는 것을 기억하라.

지나치게 생각하지 말고
지나치게 태평하지 말라

어떤 이는 생각이 너무 많아서 죽음에 이른다. 어떤 이는 생각이 없어서 편안히 산다. 둘 다 스스로의 운명을 고달프게 만드는 일이다.

매사를 지나친 분별력으로 가려내려는 사람도, 매사를 지나친 태평함으로 내버려두는 사람도 살아가는 방식의 균형을 배워야 한다. 생각이 너무 많다는 건 이미 분별력을 잃었다는 증거이니 잠시 문제에서 벗어나서 몸과 마음을 가다듬어라.

단점을 아는 자에게
역전의 기회가 찾아온다

단점이 무엇인지 아는 사람에게는 역전의 기회가 찾아온다. 사소한 단점이라면 곧바로 개선하고 치명적인 단점이라면 장기적으로 시간을 들여 개선해야 한다. 중요한 것은 스스로가 단점을 알고 있어야 한다는 것이다.

모를 때는 찾아 헤매야 하지만 알고 나서는 문제가 간단해진다. 개선하는 과정에서 성취, 습관, 단단한 멘탈, 자신감, 자존감 등을 얻을 수 있으니 그야말로 좋은 기회다.

망각이라는 선물

신은 우리에게 망각이라는 선물을 주었다. 그것을 기꺼이 받아 삶에 활용하라. 기억은 가장 필요한 순간에는 떠오르지 않고, 가장 원치 않는 순간에는 밀려온다. 고통스러운 일은 생생한데 행복한 일은 희미하다. 이러한 기억의 속성에 신이 준 망각이라는 선물을 활용하라. 고통스러운 일은 망각하고 행복한 일을 새겨라. 그것이 일상을 천국으로 만드는 방법이다.

파도가 거셀 때는
정박하는 것이 현명하다

파도가 거셀 때는 항구에 정박하는 것이 현명하다. 삶 또한 마찬가지다. 역경이 닥쳤을 때는 조용히 기다려야 한다. 거센 파도는 시간이 지나면 잠잠해진다. 구태여 그곳으로 뛰어들어 갈 필요가 없다. 인간관계 또한 마찬가지다. 관계가 틀어지고 온갖 비난이 내 쪽으로 쏟아질 때는 거기에 휩쓸리지 않도록 중심을 잡고 가만히 서 있어라. 그리하면 뜨거운 감정과 폭언들이 가라앉은 후 선명한 진실이 떠오를 것이다.

격려를 더하라

보수란 금품만을 말하는 것이 아니다.

일을 끝낸 후의 금품은 '당연한 보수'이지만, 일을 하는 도중의 격려는 '기대의 증거'가 된다. 그 한마디에 고마움을 느끼는 사람도 있다.

부하의 사기가 떨어졌다고 느낄 때에는 평소보다 빨리 여러 가지 형태의 보수를 건네보라. 그것만으로도 큰 성과를 올리기도 할 것이다.

동정심 때문에
불행한 운명에 끌려가지 말라

동정심에 휩쓸려서 불행한 운명에 끌려가지 말라. 불행한 사람은 남들이 건네준 선의를 통해 시련을 극복한다. 자업자득이든 운명의 장난 때문이든 나락으로 떨어진 사람에게는 도움의 손길이 따르는데, 너무 깊이 관여하면 나까지 그 불행에 끌려가버린다. 아무것도 없는 사람은 채우기 바쁘다. 처음엔 하나만 달라고 하다가 점점 더 큰 것을 바란다. 나중에는 내 살을 떼어주어야 할 수도 있다. 그렇게 되기 전에 미리 지혜롭게 대처하라.

인생이라는 여행을 향유하는
3가지 지혜

인생이란 평생을 두고 걸어가야 하는 여행이다. 여행이란 본래 즐기기 위한 것이다. '즐겁다'라고 느낌으로써 마음은 여유로워지고, 몸도 건강해진다.

또 인생이라는 여행은 세대에 따라 즐기는 방법도 다르다.

소년기에서 청년기에 걸쳐서는 이제까지 지혜롭게 삶을 살았던 현인(賢人)과 대화하는 것도 중요하다. 고전을 가까이함으로써 자신을 알고, 세계를 알게 된다.

장년기에는 여행을 통해 여러 가지 일을 보고 듣는 일에 투자해야 한다. 국내뿐 아니라 다른 여러 나라를 방문해서 새로운 지식을 쌓는 것도 유익하다.

만년은 혼자서 조용히 이제까지를 반추하고 사색하거나 철학과 사상에 잠기는 것이 좋다. 이것이 인생의 마지막 즐거움이다.

어리석음에 어리석음을 더하지 말라

누군가 당신을 무례하게 대한다고 해서 당신 또한 무례하게 대
해서는 안 된다. 어리석은 자를 대할 때 똑같이 어리석어지는 것
이 현명한 판단일 리 없다. 하지만 일상에서는 이런 일이 빈번하
게 벌어진다. 눈에는 눈, 이에는 이를 실천하고자 할 때 오로지
하나에 하나로 끝나는 법은 없다. 하나에 대응하기 위해 두세 가
지, 네다섯 가지를 끌어와야 하는 경우가 다반사다. 작은 싸움이
더 큰 싸움으로 번지는 이유가 그 때문이다. 당신이 명예를 얻으
면 그 자체로 짓눌러버릴 수 있다. 동시에 그의 무례함은 당신이
지닌 명예에 손톱만큼도 흠집 내지 못할 만큼 작은 것으로 보일
것이다.

초반 스포트라이트를 활용하라

초심자에게는 행운이 따른다. 운명의 여신은 장난치기를 좋아한다고 했다. 초심자에게 주어지는 행운이 장난일지 자비일지는 자신의 다음 행동에 달려 있다. 아직 새로운 면모가 있는 사람에게는 기대치가 긍정적이다. 탁월하지만 익숙한 것보다 평범해도 새로운 것이 환영받는 것이 그 이유다. 대신 그 긍정적인 시선을 유지하게 하는가, 못하는가는 나에게 달려 있다. 초반에 누구나 관심을 가져주고 기대를 보내는 그 짧은 스포트라이트를 놓치지 말라. 그때 나의 능력을 최대한 어필하고 긍정적인 인상을 심어주면, 더 이상 새로운 사람이 아니게 됐을 때도 이점이 된다.

조급함이
인생에 도움이 된 적이 있는가

조급함이 인생에 도움이 된 적이 있는가? 조급한 마음 때문에 밤잠을 설치고, 하지 않던 실수를 연발하고, 머릿속이 새하얘진 경험이 있을 것이다. 조급하게 살지 말라. 마음을 편안하게 먹어야 모든 일이 잘 풀린다.

모든 사람에게 24시간은 똑같이 주어지는데, 조급해한다고 시간이 더 주어지는 마법이 일어나지는 않는다. 그 시간을 더 알차게 쓸 방법을 생각하는 것이 현명하다.

사람들은 시간을 들여서 해야 할 일을 급하게 처리한다. 열매가 맺히지도 않았는데 벌써 나무 밑에 가서 기다리고 있는 것과 다름없다. 매사에 종종거리느라 시간도, 에너지도, 마음도 고갈시켜 버린다. 삶을 천천히 누리되, 해야 할 일은 빨리 실행하라.

4장

인생의 주인으로
살아가는 법

온전한 인간이 되어라

이 세상에 온전한 인간으로 태어나는 사람은 없다. 다만 조금씩 우리의 인격과 직업의식, 가치관이 성장해가면서 온전해질 수 있다.

그 온전한 인간이 되기 위해 일종의 순례자처럼 매일 발을 내딛는다. 결코 하루아침에 이루어지는 것이 아니다.

또한 어느 누구나 순례자가 될 수는 없지만 인생을 살아가는 모든 사람은 '인생의 길'이라는 한복판에 놓이게 된다. 그러다가 문득 자신의 변한 모습과 마주하게 될 것이다.

한층 고상해진 취미와 샘물처럼 맑은 정신, 분노에 휘말리지 않고 현명한 판단으로 절제된 삶을 살아갈 때, 그리고 인색하고 무례하며 조급한 마음을 자신의 의지로 자연스럽게 다스릴 수 있을 때, 그때가 바로 온전한 인간이 되어가는 것이다.

자신의 별을 따라가라

당신 인생에서 행운의 별을 찾아라. 그리고 그것을 따라가라.

누군가는 그래야만 하는 이유를 찾지 못한 채 다른 사람에게 충성을 맹세하고, 다른 사람이 정해준 일들을 한다. 누군가는 확고한 사명을 품은 채 현명한 사람들과 어울리며, 그 자신이 현자로 거듭난다.

행운의 별은 한날한시, 하나의 장소에 나타나지 않는다. 사람이 저마다 다른 인생을 살아가듯 행운의 별을 만나는 시기와 장소가 다르다. 그렇기에 누구나 자신의 능력과 선구안으로 행운의 별을 알아보고 따라가야 한다. 높은 곳에 올라가야 하늘의 별과 가까워지듯이, 자신의 자리에서 최선을 다하여 높이 올라갈수록 행운의 별과 가까워진다는 것을 기억하라.

견실한 사람은 모래성 말고
나이 들어갈 집을 짓는다

내공이 깊고 흔들리지 않는 중심이 있는 사람을 견실하다고 말한다. 견실하지 않은 사람들은 토대가 약해서 큰일을 해내어도 작은 일에 금방 흔들리고 만다. 멋있지만 금방 휩쓸려 가버리는 모래성과 같다.

견실한 척하는 것은 소용없다. 자신을 아무리 거짓말로 포장해봤자 진실된 토대가 없으니 하나의 작은 일에도 금방 부서진다. 거짓말은 더 큰 거짓말을 부른다. 그렇게 쌓아 올린 것이 진짜라고 착각해서는 안 된다. 견실한 사람은 모래성이 아니라 오래도록 행복하게 살아갈 집을 짓는다.

나의 힘을 제대로 알면
무너지지 않고 나아갈 수 있다

누구에게나 인생의 첫 무대가 있다. 무언가 새로운 일을 시작할 때 반드시 생각해야 할 것은 무엇일까?

'자신의 현재의 힘을 정확하게 파악하는 것'이다. 이것만 가능하다면 비록 아무리 냉혹한 현실에 직면해도 금방 희망이 고뇌로 변하지는 않는다.

그런 마음의 준비가 되어 있으면 의욕을 상실하지도 않는다. 그리고 꿈을 실현하기 위해서는 현재 자신의 실력보다 약간 더 높은 목표를 세우고 서서히 허들을 높여나가야 한다.

어떤 일에도 무너지지 않고 꿋꿋이 살아가는 힘을 기르는 것이야말로 자신의 실력을 정확하게 파악하는 일이다.

현명한 사람은
능력의 한계를 드러내지 않는다

현명한 이는 자신의 지식과 능력을 다른 사람이 간파하게 두지 않는다. 능력이 자연스레 드러나는 것은 어쩔 수 없는 일이지만 그 한계가 드러나게 하지는 않는 것이다.

내가 가진 패를 다른 사람이 알아버렸다면 주도권은 더 이상 내 쪽에 있는 것이 아니다. 마찬가지로 내가 가진 능력의 한계를 다른 사람이 완전히 파악했다면 그 이상은 기대하지도 부여하지도 않는다. 능력치를 정확히 알고 있을 때보다 추측과 기대를 가지고 있을 때 더 많은 기회가 따라온다.

자연이 알려준 소중한 지혜

지금, 자신이 가지고 있는 것이 영원히 자신의 것이라고 장담할
수 없다. 누군가에게 빼앗길지도 모르고, 어느 순간 소멸할지도
모른다. 그렇기 때문에 그에 대신하는 것을 항상 겸비하고 있지
않으면 안 된다.

우리의 신체에 중요한 것은 두 개씩 갖추어져 있다. 그것을 이중
으로 가지고 있는 것은 자연계의 지혜라고 할 수밖에 없다. 그렇
기 때문에 예비, 저축이 중요하고, 성공이나 행복을 가져다주는
것을 이중으로 준비해서 가지고 있는 것이 현명하다.

어떤 경우에도 내 인생을 산다

자신이 행한 것을 다른 누군가가 혹평했다고 해서 바로 의기소침할 필요는 없다. 또 다른 누군가가 인정해줄지도 모르기 때문이다.

반대로 누군가가 박수를 보낸다고 해서 바로 의기양양해져서는 안 된다. 보이지 않는 곳에서는 나쁘게 말하는 사람도 있을 것이다.

같은 것이라도 보는 사람에 따라 견해가 다르다. 게다가 사람의 마음은 바뀌기 쉽다. 그날의 기분에 따라 의견이 바뀌기도 하고, 감정적으로 발언하는 경우도 있다.

타인의 평가에 대해서 민감하게 반응하는 것은 바보스러운 처사다. 믿어야 하는 것은 자기 자신이다. 중요한 것은 주위의 소음에 휘둘리지 않고 자신이 믿는 길을 당당하게 걸어가는 것이다.

어두운 면만 보면
빛나는 인생은 없다

칼에는 칼날과 손잡이 부분이 있다. 칼날을 잡으면 상처를 입는다. 손잡이를 잡으면 편리한 도구가 된다.

마찬가지로 사람에게도 양면성이 있다. 밖에서는 대담하게 행동하는 사람이 집에서는 겁쟁이거나, 냉철하고 정이 없어 보이는 사람이 보기 드물게 정이 많은 사람인 경우가 있다.

똑같은 것이라도 보는 시야를 바꾸면 전혀 다르게 보인다.

자신이 직면한 상황도 그것을 불운이라고 생각하는 사람이 있는 반면 행운이라고 생각하는 사람이 있다.

어두운 면만 보는 사람에게 빛나는 인생은 없다. 밝은 부분에 눈길을 주면 그 앞에는 멋진 인생이 보일 것이다. 무엇이든 자신에게 득이 되는 부분과 손해가 되는 부분이 있고, 그 득이 되는 부분을 발견하고 활용하는 것이 현명한 사람의 진정한 실력이다.

고집과 뚝심의 차이

한 가지 일에 고집을 피우고, 끝까지 집착하는 사람이 있다. 그 완고함이 확고한 신념에 기반을 둔 것이라면 다른 사람들은 존경을 보낼 것이다.

그러나 잘못된 신념에 의한 것이라면 단순히 '고집불통의 어리석은 사람'이라고 조롱의 대상이 된다.

무의미한 고집은 자신에게 자신감이 없기 때문이다. 자신감이 없으니 마음과 생각에도 여유가 없다. 그래서 '이것밖에 없다'는 식으로 하나의 신념을 물고 늘어지는 것이다.

현명한 사람은 결코 감정에 치우쳐 고집을 피우지 않는다. 오직 올바른 판단을 내리기 위해 자신의 뚝심을 지킨다. 냉철한 시선으로 현실을 바라봤을 때 내가 옳다고 여기는 신념이 있다면 그것을 지켜야 한다.

빈손인 사람과 결실을 얻는 사람

나무에는 '열매를 맺는 나무'와 '그렇지 않은 나무'가 있다. 열매를 맺지 못하는 나무는 이파리만 무성하게 피운다.

이것이 사람이라면 말한 것을 반드시 실행하는 사람은 '열매가 되는 나무'로, 말뿐인 사람은 '열매를 맺지 못하는 이파리뿐인 나무'이다. 이 둘을 구분하는 것은 아주 어렵다.

'나쁜 일은 하지 않지만 좋은 말을 하는 일도 없는' 사람은 변변치 못한 사람이다. 그보다 더 변변치 못한 사람은 '나쁜 말은 하지 않지만 좋은 일도 하지 않는' 사람이다.

말뿐인 사람은 많고 실행하는 사람은 적다. 열매가 되는 나무가 적은 것과 마찬가지다. 우선은 성실하게 행동하는 것이 중요하다.

중요한 것은
결점을 어떻게 다루느냐다

결점을 잘 극복하면 장점으로 바꿀 수도 있다. 혹시 다른 사람에게 결점을 지적당해도 고민할 필요 없다. 실망할 필요도 없다. 언젠가 새로운 장점이 하나 늘어나기 마련이다. 줄리어스 시저는 다리가 불편했지만, 이 신체상의 핸디캡을 바꿔서 명예를 얻는 일에 성공했다.

한편 결점은 누구에게나 있다. 결점은 그 사람의 일부이다.

하나의 결점을 들춰내서 그 사람의 모든 인격을 부정해서는 안 된다. 결점은 어디까지나 그 사람의 일부에 지나지 않는다.

완벽한 사람은 이 세상 어디에도 없다. 누구나 결점 한두 가지를 가지고 있다. 그 결점을 빼고도 많은 장점이 있기 때문에 인간관계가 성립한다.

나를 돕는 것은
나 자신뿐이다

나를 돕는 것은 나 자신뿐이라는 것을 기억하라. 역경 속에서는 스스로 도울 수 있을 뿐이다. 그러나 대부분 이러한 진리를 잊어 버리고 다른 사람에게 의존하려고 한다. 나를 도우려는 마음을 비교했을 때 자신과 다른 사람 중 누가 더 크겠는가? 직면하고 싶지 않은 마음을 이기고 자신을 도와라. 부서질 것 같아 겁이 난다면 부서지지 않도록 오직 자신의 마음을 도와라.

마음이 느슨해지는 순간을 조심하라

인생이 어떤 계기로 크게 어긋나는 때가 있다. 그 계기는 '방심'하는 순간일 때가 많다.

'평소라면 이런 실수를 할 리가 없는데.' '왜 그때 주의를 하지 않았을까.'

이렇게 느꼈을 때는 이미 엎질러진 물이다. 아무리 현명한 사람이나 용감한 용사라도 방심으로 순식간에 설 자리를 잃어버릴 수 있다. 이상하게도 가장 조심하지 않으면 안 될 때에 경계를 게을리한다. 사소한 마음의 느슨함으로 인해 모든 것을 잃어버리는 일조차 있다.

운명의 신은 아주 작은 틈을 발견하면 때로는 가혹한 장난을 친다. 일이 잘되는 때일수록 틈을 보여서는 안 된다.

새들도 허수아비는 비웃는다

마음이 너무 좋기만 한 사람은 얻는 것이 많을 것 같아도 잃는 게 훨씬 많다. 주위에서는 그런 사람을 두고 처음에는 심성이 착하다고 칭찬을 늘어놓지만 점점 그것을 이용하려고 한다. 새들도 허수아비는 곧 비웃는다.

화를 내야 할 때 화를 내지 않으면 다른 사람이 만만하게 보고 경멸의 대상이 되기 쉽다. '무슨 일을 당해도 화를 내지 않으면 더 심하게 해도 된다'고 생각하는 사람들도 생긴다. 마치 까마귀에게 뜯겨서 너덜너덜해져도 멀뚱하게 서 있는 허수아비 같은 처지가 된다.

상황에 맞게 자신의 의견과 감정을 표출할 줄 알아야 얕보이지 않는다. 미움받기 싫어서든 착한 사람이라는 평가를 듣고 싶어서든 자신의 의사를 분명히 밝히지 않는 것은 내 인생에 대한 예의가 아니다.

열심히 사는 데도 결실이 없는 이유

열심히 노력하는 데도 결실을 얻지 못하고 하는 모든 일이 반대의 결과만 초래하는 사람이 있다. 무엇이 나쁜가 하면 '요령이 나쁜 것'이다.

말하지 않아도 될 말을 하거나, 해야 할 말을 잊어버리거나, 있어야 할 곳에 없고, 없어도 좋은 곳에선 나선다.

요령이 나쁜 것은 그리 간단히 개선할 수 있는 문제가 아니다. 요령 있게 행동하려고 노력하면 노력할수록 스스로 제 무덤을 파거나 한다.

이런 사람은 타인의 행동을 잘 보고 배워서 요령 있는 행동 패턴을 몸에 익혀야 한다.

언제나 타이밍이 중요하다

어느 시대에나 그 시대 특유의 흐름이 있다.

아무리 뛰어난 능력을 지니고 있어도 시대에 부응하지 않으면 능력을 충분히 발휘하지 못하기도 한다. 주위로부터 이해를 받지 못하고 잊히는 슬픔을 맛보기도 한다. 만일 저 사람이 다른 시대에 태어났더라면 하고 생각되는 사람도 많다.

모든 일에는 그에 걸맞은 타이밍이 있다. 시대를 초월해서 사는 것은 불가능하다. 냉혹하지만 그것이 현실이다. 단, 일생을 갈고 닦은 지혜에는 반드시 후세까지 이어지는 영원불멸이라는 특권이 주어져 있다.

현자가 처음에 하는 일을
바보는 마지막에 한다

현자는 가장 먼저 할 일을 1순위에 두고 실행한다. 허나 바보는 그 일을 마지막에 하거나 애초에 우선순위를 구분하지 못하고 손에 잡히는 대로 실행한다. 현자는 적절한 때에 실행하여 만족스러운 성과를 내지만 바보는 아무 때나 실행하여 동이 틀 때 울어야 하는 닭이 자정에 우는 것과 같다.

같은 일을 해도 일의 순서에 따라 결과물이 달라진다. 이것을 바로잡는 방법은, 완성물을 먼저 그려보는 것이다. 그리고 그렇게 되기 위해서는 어떠한 과정을 거쳐야 하는지 단계별로 헤아려보는 것이다.

시행착오를 두려워하지 말고 실행하되, 과정 중에 수정이 필요하거나 판단이 잘 서지 않는 부분은 다시 차근차근 생각해보아야 한다. 무작정 밀고 나가는 것은 지양해야 한다.

올곧은 자신을 잃지 말라

거짓말이 판치는 세상에서 나는 어느 편에 설 것인가? 서로 간의
믿음은 사라지고 약속을 지키는 사람이 미련하다는 조롱을 받는
다. 배려할수록 더 큰 배려를 요구받는다. 국가들은 서로에게 거
짓말을 일삼고, 언제든 배신의 기회를 엿보며, 기밀을 저당잡는
다. 이러한 세상에서 나만 정직하면 된다고 생각해도 이미 그 근
간이 흔들리고 있다. 하지만 그럴수록 올곧게 자신을 돌아보라.
거짓에 자신을 잃지 말고 명예를 지켜라.

중용의 삶이 곧 행복이다

부자를 부러워하지 않아도 좋다. 그들은 재산을 지키기 위해 종일 긴장을 강요당한다.

명품을 부러워하지 않아도 좋다. 명품일수록 부서지기 쉽고, 싼 물건은 질리도록 오래간다.

'너무 넘치면 모자람만 못하다'는 말이 있다. 돈이 너무 많은 것도 좋지 않고 너무 없는 것도 좋지 않다.

먹고살기에 곤란하지 않을 만큼 돈이 있고 적당한 용모를 지닌 사람이 많은 것은, 신은 그런 사람을 사랑하기 때문일 것이다. 따라서 그런 사람일수록 의외로 행복한 인생을 보낼 수 있다. 중용은 특권의 일종이다.

끊임없이 갈고닦아야 장점이 된다

'있는 그대로 살아간다.'

얼마나 매력적인 삶의 방식인가? 그러나 이때의 '있는 그대로'라는 것은 아무것도 하지 않고 자연 그대로 있는 것이 아니다.

사람이 모이는 공원의 숲에는 태양이 나뭇잎 사이에서 내리쬐고, 계절의 순환을 향유할 수 있다. 그러나 이 숲도 사람의 손이 보살펴줘야 늘 아름다움을 유지할 수 있다. 만일 손질을 게을리하면 어느새 햇빛이 닿지 않는 울창한 장소로 변해버릴 것이다.

아무리 훌륭한 자질이 있어도 아무것도 하지 않은 채, 계속 빛날 수는 없다.

천부적인 장점도 지속적으로 갈고닦아야 장점으로 유지할 수 있다.

속성으로 기른 과일일수록
맛이 떨어진다

한번에 빨리 만든 것은 손에 넣기 쉽다. 그러나 품질 면에서는 그 가격대에 맞는 '딱 그만큼의 품질'밖에 되지 않는다. 반대로 오랜 시간을 들여서 하나씩 정성스레 만들어진 것은 가격도 훨씬 올라 가고, 간단하게 손에 넣을 수가 없다. 싼 물건과 비교하면 품질도 좋고 모든 면에서 천지 차이다.

또 큰돈을 들여서 구입한 것은 취급할 때도 세심한 주의를 기울 이기 때문에 오랫동안 유지할 수 있다. 사람도 마찬가지다. 사계 절을 인고해온 과실처럼 매일 충실한 인생을 살아온 사람이 훨씬 가치 있는 삶을 산다. 물론 명성도 따라온다.

독단과 편견을 경계하라

명예를 욕보이거나, 폭언을 듣거나, 차별을 받거나, 직접적인 공격을 받을 때 그 사람을 증오하게 되는 것은 어쩔 수 없다. 그러나 대부분은 자신의 독단과 편견에 의해 생기는 경우가 많다.

'콧대 높은 태도가 마음에 들지 않는다', '기껏 조언을 해줬는데 그대로 하지 않는다', '내가 아닌 다른 사람을 선택했다'와 같은 사소한 일로 너무 쉽게 다른 사람을 증오한다. 다른 사람의 입장에서 보면 단순히 개인적인 사정에 지나지 않는다.

이런 증오나 반감을 그대로 드러내면 결국은 자신의 평판만 해치고 사람들이 떠나간다. 반드시 경계하라.

성급한 사람은
옆을 보지 않는다

침착한 사람들은 결코 일을 그르치지 않는다. 누구든 쓸데없이 뛰어들어 허둥대다가는 일을 망친다. 성급한 사람들은 주위를 의식하지 않는다. 사방을 분간하지 못하고 오로지 앞만 보고 돌진한다. 하지만 중요한 것들은 앞에 놓여 있는 것들이 아니다. 언제나 길옆으로 비켜 있는 것들이 귀하다.

귀한 보물들이 모든 사람이 볼 수 있는 길 가운데에 있는 법은 없다. 숨겨져 있기에 신비감과 함께 귀함으로 다가오는 것이다.

보물이 흔할 리는 없다. 그것의 진가를 알고 노리는 사람들이 즐비한 이상 그것들은 숨어 있을 수밖에 없다.

사람들은 늘 다가올 기쁨을 앞서버려 그것을 만날 기회를 잃고 만다. 그는 기쁨이 올 시각을 계산하지 못한 죄로 그것을 맞아들일 수가 없게 된다. 그런 성급함으로 모든 것을 잃고 마는 것이다.

잊어야 할 것은 빨리 잊는다

'빨리 잊어버려야 할 것'을 '오랫동안 마음에 담아두는' 것이 인간이다.

기억은 가장 필요할 때에는 도움이 되지 않고, 아무래도 상관없을 때에만 모습을 드러내는 골치 아픈 존재다. 싫은 일, 떠올리고 싶지 않은 일은 생생하고 상세하게 기억한다. 그런 '마음의 아픔'을 없애는 데에는 잊는 것이 가장 좋은 묘약이다.

그보다 중요한 것은 올바른 마음으로 하루하루를 보내고 덕을 쌓으면서 살아가는 것이다. 그런 사람은 늘 아침에 기분 좋게 눈을 뜬다. 그들에게는 후회도 분노도 없다. 마음에 걸리는 일이 없기 때문에 숙면할 수 있다. 바로 '성자는 악몽을 꾸지 않는다'라는 말 그대로다.

성공에 특효약은 없다

행운을 잡기 위해서는 기술이 필요하다.

현명한 사람은 행운이란 우연히 주어지는 것이 아니라 노력에 의해 손에 넣는 것이라는 사실을 잘 안다.

누군가는 신전 앞에 눌러앉아 행운을 선물받기를 바라지만 현명한 사람은 다르다. 미덕과 용기라는 날개를 달고 행운이 있는 곳으로 날아올라 대담하게 행동한다. 여기에는 성실함과 노력 이외에 성공의 특효약 따위는 없다. 어떤 자세로 나아가는가, 그 차이 뿐이다.

사자 가죽이 없으면
여우 가죽이라도 써라

사자다운 힘이 없으면 여우다운 계책이라도 써라. 힘이 부족하다면 머리로 일을 해결해야 한다. 살다 보면 힘보다는 머리를 쓰는 것이 더 중요할 때가 많다. 그래서 현명한 자가 용감한 자를 이기는 것이다. 지향점을 힘에 두지 말고 한발 앞서 생각하고 사안을 능수능란하게 처리하는 것에 둬라. 그것이 더 오래가는 비결이다.

물러서야 할 때를 알아라

불운이 영원히 지속되지 않는 것처럼 행운 역시 일시적인 것으로, 언제까지나 지속되지 않는다.

솜씨가 좋은 도박사는 아직 운이 있는 사이에 도박에서 손을 뗀다. '이 운은 영원히 지속되지 않는다. 앞으로는 불운에 직면할 확률이 높다'라는 것을 그들은 잘 알고 있다. 타이밍을 헤아려서 깨끗이 물러서는 것이 용감하게 공격을 계속하는 것보다 훨씬 중요하다.

행운이 계속돼도 절대로 흥분해서는 안 된다. 행운의 여신은 지치기 쉬운 체질이라, 한 사람을 자신의 어깨에 태우고는 그리 오래 견디지 못한다.

바보들은 오늘을 불평하며
어제는 칭찬한다

현재를 살지 못하고 과거에 사는 이가 가장 어리석다. 지나간 모든 것을 더 낫다 여기고 멀리 떨어진 모든 것을 더 높이 평가하지 말라.

기쁨과 아름다움은 언제나 찰나에 가깝다. 인생 자체가 짧은 것도 바로 이 찰나를 만끽하기 위해서다. 따라서 현재, 지금 이 순간에 충실한 하루를 살아야 한다.

시대의 흐름을 읽는다

시대는 시시각각 변화한다. 지금까지 잘되었다고 해서 앞으로도 똑같은 방법이 통용된다는 보장은 없다. 중요한 것은 변하는 시대의 흐름을 확실히 읽어내고, 현재를 받아들이는 유연한 자세를 갖는 것이다. 유행은 일반대중이 만들어가는 것으로 시대의 흐름을 무시해서는 성공할 수 없다.

비록 내심은 '지나간 좋은 시대'를 그리워하더라도, 그것을 감추고 유행하는 옷을 입는 것처럼, 정신에도 현대의 의상을 두른다.

단, 이 처세술은 덕을 쌓는다는 면에서 보면 올바르다고 하기 어렵다. 왜냐하면 도덕이라는 것은 불변한 것이지 시대에 따라 달라지지 않기 때문이다.

언젠가 비는 갠다

항해 중에 폭풍우를 만났을 때 노련한 선장은 닻을 내리고 키를
접고, 안전한 항구로 피신한다. 이것이 가장 현명한 방법이라는
것을 선장은 숙지하고 있기 때문이다.

인생의 항로에서도 바람과 파도가 거칠 때에는 아등바등해도 소
용이 없다. 명의는 투약을 보류할 수 있다. 병의 증상에 따라서는
아무것도 하지 않는 것이 치료를 위한 지름길이라는 것을 알고
있기 때문이다.

폭풍은 영원히 계속되지 않는다. 때가 오면 이윽고 지나가기 마
련이다.

비는 언젠가 갠다. 그리고 아침이 오지 않는 밤은 없다.

삶이 힘들수록
철학으로 마음을 채워라

세상의 본질을 꿰뚫어보는 방법, 그것은 철학이다. 철학을 이해할 수 있다면 세상에 휘둘리지 않는다.

그러나 현대인은 철학에 눈길을 주지 않게 되었다. 더는 모색하거나 사상을 탐색하려는 시도도 하지 않는 세상이 되어버린 듯하다.

철학을 배워도 배는 채워지지 않는다. 그러나 마음은 채워진다.

철학은 눈에는 보이지 않고 실체도 없지만 이른바 인생을 보다 풍요롭게 살아가기 위한 양식이라고 할 수 있기 때문이다.

명예야말로 진정한 지위다

명예는 노력 없이 주어지는 것이 아니다. 평소에 근면과 노력을 게을리하지 않고 올바르게 덕을 쌓아야만 비로소 얻을 수 있다. 그렇기 때문에 명성을 얻은 인물은 사람들의 칭송과 존경을 받는다.

행운은 한때의 것이다. 재산도 지위도 영원하지 않다. 그러나 명예는 사후에도 영원히 이어진다. 명예야말로 진정한 지위다.

행운도 불행도
결코 혼자 오지 않는다

나쁜 일은 아무리 사소해도 얕잡아보지 말라. 왜냐하면 결코 혼자 오지 않기 때문이다. 행운과 마찬가지로, 불운도 전부 연결되어 있다.

행운과 불행에는 연쇄반응을 일으키는 성질이 있다. 행복한 사람은 항상 웃는 얼굴을 갖는다. 웃음을 지으면 웃는 얼굴을 한 사람이 다가온다. 점점 더 많은 사람이 모여든다.

불행한 사람 곁에는 사람들이 다가가지 않는다. 불운을 한탄만 하는 사람에게 다가오는 것은 불행한 얼굴을 한 사람뿐이다.

불행의 시작은 대부분 아주 사소한 부주의나 실패인 경우가 많다. 그것을 내버려두면 실패가 이어지고 불행의 나락에 떨어진다.

불행에는 '천재'와 '인재'가 있다. 인재에 대해서는 깊은 사려와 판단으로 피하도록 한다.

일직선으로 나는 새는
공격당하기 좋다

생각해보라. 당신은 항상 똑같은 행동 패턴을 취하고 있지는 않은가? 때로는 행동 패턴에 변화를 줘야 한다. 항상 단순 명확한 행동을 반복해서는 안 된다.

당신이 하는 행동을 지켜보는 적은 당신의 단순한 패턴을 알아차리고, 허점을 파고들 것이다. 일직선으로 나는 새는 쏘아 떨어뜨리기 쉽지만, 곡선을 그리며 나는 새는 맞히기가 어렵다.

그렇다고 해서 항상 다른 사람의 눈을 속이는 일만 하는 것도 생각해볼 필요가 있다.

세상 곳곳에는 악의가 숨어서 기다리고 있다. 이것을 능숙하게 헤쳐 나가기 위해서는 지혜와 재기가 필요하다.

하나에만 만족하지 말라

무엇이든 삶에서 얻을 수 있는 가치를 두 배로 늘려라. 한 가지에 만족해서는 안 된다. 특히 성공, 호의, 명성은 반드시 그래야 한다. 달도 매일 그 모습을 바꾸듯 무엇이든 기한이 있는데, 사람의 의지는 어떠하겠는가. 불안정한 삶을 탄탄대로의 궤도에 올리려면 모든 능력과 가치를 두 배로 얻겠다는 것을 삶의 규칙으로 삼아야 한다.

단 하루도 소홀히 여기지 말라

운명은 장난치는 것을 좋아해서 우리가 알아채지 못하는 사이에 우연을 차곡차곡 쌓아둔다. 공든 탑을 와르르 무너뜨리는 데 필요한 시간은 하루면 충분하다. 그러니 단 하루도 소홀히 여기지 말라. 긴장 없이, 경솔하게, 나태하게 보낸 그 하루에 이룬 것들을 잃을 수 있다.

5장

견고한 인생을 위해
필요한 마음가짐

항상 숲을 바라보라

세상에는 아무래도 좋은 사소한 일이 수없이 많다. 내버려두어도 괜찮은 일에 신경을 쓰기 시작하면 자신도 모르게 참견하고 싶어진다.

고민하거나 기웃거리는 사이에 귀중한 시간과 노력을 허비한다. 그러나 어차피 '아무래도 좋은 일'이기 때문에 '시간 낭비였다'고 실망할 때가 대부분이다.

가지에 시선을 빼앗긴 동안에는 나무를 볼 수가 없다. 또 나무에 시선을 빼앗겨서는 숲을 볼 수가 없다.

전체를 파악하지 않으면 자신이 어디에 있는지, 무엇을 해야 하는지 알 수 없다. 자신을 잃어버려서는 사물의 본질을 꿰뚫어볼 수 없다.

목표는 현실적이어야 한다

현명한 사람은 항상 최선을 바라면서도, 최악을 염두에 둔다. 목표는 높게 잡아야 하지만 닿지 않을 정도로 너무 높게 설정한다면 가는 길이 고되다. 당신 자신과 당신의 능력을 이성적으로 바라보고 목표치를 설정하여 하나하나 달성해내는 것을 규칙으로 삼아라.

목표지점에 가보기 전까지는 그 과정을 알 수가 없다. 알지 못하기 때문에 기대치가 터무니없을 수 있다. 가는 과정에서 목표를 조금씩 수정해야 하는데, 다만 얼마나 어떻게 수정할 것인가를 잘 헤아려야 한다. 그때 나와 세상을 제대로 바라볼 줄 아는 통찰력이 필요하다.

자신을 고찰하고
그것을 거울삼아라

자신을 제대로 파악하지 못한다면 스스로 인생의 주인이 될 수 없다. 우리는 거울을 볼 때 외형을 비춰볼 수는 있지만 정신을 비춰볼 수는 없다. 따라서 언제나 자신을 고찰하고 그것을 거울삼아야 하는 것이다. 지성을 쌓고 인품을 갈고닦아 내면을 향상시키면 거기에서부터 빛이 뿜어져 나온다. 그것이 외형도 밝히는 것이다.

재능을 발견하라
그리고 연마하라

천부적인 재능을 살리는 것, 이것이 성공의 지름길이다. 뛰어난
재능도, 사용 장소나 때를 모르거나, 발휘할 기회가 없으면 점차
퇴색되어 버린다.

많은 사람이 자신의 재능을 깨닫지 못한다. 바로 자기 곁에 있는
파랑새를 알아보지 못하는 '어리석은 사람'이다.

필요 이상으로 자신을 비하해서는 안 된다. 누구나 어떤 형태로
든 '재능'을 가지고 있다.

'나는 평범한 인간이다'라고 슬퍼할 여유가 없다. 당신 속에 잠자
고 있는 재능은 발견되어 연마되어지기를 학수고대하고 있기 때
문이다.

잘못된 선택을 하면
가시밭길이 기다린다

인생에는 무수한 기로가 있다. 그러나 모든 기로에 '이정표'가 존재하지는 않는다. 자신의 판단으로 선택해야만 하는 경우가 대부분이다.

올바른 선택지를 선택하면 그 앞은 왕도로 이어진다. 그러나 잘못된 선택을 하면 미로나 가시밭길이 펼쳐진다.

큰 성공을 거둘 수 있는 사람이란 '항상 최상의 선택을 할 수 있는 사람'이다. 이를 위해서는 올바른 지식과 숙련된 지성, 풍부한 인간성과 경험 그리고 무엇보다 정확한 판단력이 필요하다. 이정표가 없는 기로라는 것은 '자기 자신의 인간성'이 시험받는 자리다.

써먹을 수 있는
지식을 익혀라

지식을 익히는 것은 무엇을 위해서일까?

저축하는 것처럼 소중하게 품에 안고 있어서는 의미가 없다. 그렇다고 해서 과시하기 위해서도 아니다. 하물며 변변치 못한 궤변을 늘어놓기 위해서라면 어불성설이다. 지식은 실용적으로 도움이 되어야 가치가 있다. 세상에서 일반적으로 인정받고 통용된다는 것이 증명되었을 때, 처음으로 진정한 지식으로 확립된다.

필요한 지식을 몸에 익힌 상식적인 사람이 되는 것을 목표로 삼아야 한다. 불필요한 지식을 과시하는 궤변가가 되면 세상으로부터 외면만 당할 뿐이다.

영원히 운이 좋은 사람도,
영원히 운이 나쁜 사람도 없다

하는 일마다 제대로 되는 것이 없을 때, 운이 따라주지 않을 때가 있다. 그럴 때는 눈앞의 일에만 골몰하지 말고 흐름을 바라보아야 한다. 지금 운이 좋은 시기인지, 나쁜 시기인지 파악하라는 것이다. 영원히 운이 좋은 사람도, 영원히 운이 나쁜 사람도 없다. 그래서 시기를 봐야 한다는 것이다. 작물을 제때 수확해야 하는 것처럼 모든 일에도 때가 있다. 일에 있어서 값진 수확물을 얻기 위해서는 적기에 실행하고 적기에 거둬들여야 하는 것이다. 그 시기가 왔을 때 제대로 실력을 발휘하려면 무수한 시행착오가 있어야 한다. 엎치락뒤치락 좋고 나쁨의 기복을 겪으면서 부족한 점을 보완해야 행운의 별이 지나가는 순간을 놓치지 않을 수 있다.

사람은 7년마다 변화한다

인간은 7년마다 변화한다고 한다. 태어나서 7년째에 이성을 아는 것처럼, 그 후 14년째, 21년째, 28년째…… 7년마다 두각을 드러낸다. 이제까지 자신의 궤적을 되짚어보면 정신적으로나 육체적으로 그리고 사회적으로도 커다란 전기가 있었다는 점을 깨닫게 될 것이다.

단, 이 '7년마다의 변화'는 어느 날 갑자기 나타나는 것은 아니다. 7년 동안 본인도 깨닫지 못하는 사이에 서서히 변모해가는 것이다.

그렇기 때문에 이와 같은 7년의 자연스러운 변화를 스스로 만들어내고 심신의 모든 면에 걸쳐서 항상 탈피를 꾀해야만 한다. '지위가 사람을 만든다'고 말하는 것도 이와 같은 이치다.

절경과 쇠락의 시기를
잘 파악하라

자연은 시기가 되면 무르익어 완벽한 절경을 이루다가 쇠락한다. 사람에게도 절경을 이루는 시기가 온다. 필시 쇠락의 시기도 찾아오지만 절경을 최대한 유지하며 쇠락을 늦추는 것이, 스스로 모든 준비를 마친 후에 천천히 쇠락을 맞이하는 것이 인생의 요령이다.

모두가 나의 능력을 인정해주고 성공가도를 달릴 때부터 쇠락의 지점을 잘 파악해야 하는 것이다. 오만해져서 마음이 들떠 있으면 스스로 쇠락의 길을 걷고 있는지도 깨닫지 못한다. 절경이라는 환상 속에서만 살아가는 것이다.

지나치지도 모자라지도 않게

어떤 일을 이룰 때에는 적도(適度)를 지켜야 한다. 한도를 넘으면 정의는 악이 되고, 용기도 무모함이 된다. 친절도 지나치면 간섭이 되고, 세련됨도 도를 넘으면 촌스러워진다. 만사에는 모두 알맞은 정도가 있다. 이것을 밑돌아도 안 되지만 상회해도 가치가 없어진다.

우유를 짤 때 너무 힘을 주면 우유에 피가 섞여 나오는 경우가 있다. 맛있는 우유를 마시고 싶다면 적당히 힘 조절을 해야 하는 것과 같다.

지식이 없으면
인생의 기쁨도 없다

누구에게나 똑같이 적용되는 것은 '시간'밖에 없다. 집을 가진 사람도 갖지 못한 사람도, 돈이 있는 사람도 없는 사람도, 결국 한정된 시간 속에서 살고 있다.

이런 귀중한 시간을 의미 없이 소모하는 것은 너무나 불행한 일이다. 떠맡은 고된 일에 헐떡이는 사이 생명은 줄어가고 정신은 마모되어 버린다.

그러나 지식의 추구는 다르다.

많이 알면 알수록 사람은 점점 더 현명해지고 정신을 풍요롭게할 수 있다. 지식이 없는 곳에 인생의 기쁨은 없다.

상상력을 관리하라

즐거운 상상을 일삼는 사람을 어리석다고 비난한 적이 있는가?
그 사람은 비난이 아니라 현명하다는 칭찬을 들어야 마땅하다.
상상력이 행복을 좌우하고 이성을 다스릴 수 있기 때문이다.
즐거운 상상은 삶을 무지갯빛으로 물들이지만 불행한 상상은 잿
빛 세상을 만든다. 머릿속이 잿빛인데 삶은 어떠하겠는가? 나도
모르게 슬픔과 고난의 방향으로 삶을 이끌어버리게 된다.
문을 열었을 때 내가 좋아하는 것이 있다고 상상하면 기꺼이 문
고리를 잡아당기겠지만 내가 싫어하는 것이 있다고 상상하면 열
지 않고 돌아선다. 그곳에 나를 행복하게 만들어줄 기회가 있어
도 놓치게 되는 것이다. 즐겁고 행복한 상상을 할 수 있도록 상상
력을 관리하라.

용기로 운명을 바꿀 수 있다

자신에게 사소한 문제라도 생기면 '이건 운명이다'라고 손쉽게 받아들이지는 않는가? 모든 것을 '운명'이라고 단정하면 확실히 마음은 편해진다.

그러나 현실적으로 진정한 해결은 되지 않는다. 문제의 원인을 찾아보려고도 하지 않고 그저 방치해서는 사태는 점점 악화될 뿐이고 되돌릴 수 없어진다. 그렇게 된 후에는 너무 늦다.

원인을 찾는 것은 어려운 작업일지도 모른다. 그러나 용기를 가지고 정면으로 돌파하면 해결의 실마리가 보일 것이다.

끝까지 해냈을 때
그 가치가 빛난다

'1%의 소홀'이 '99%의 노력'을 헛되이 한다. 자신의 의지로 시작한 일을 도중에 포기해서는 안 된다. 아무리 뛰어난 아이디어라고 해도 끝까지 하지 않으면 성과를 얻을 수 없다. 끝까지 하고 나서야 그 아이디어도 평가를 받을 수 있다.

숲에서 사냥감을 몰아내는 것에서 멈춰서는 안 된다. 뒤를 쫓아서 마지막 일격을 가해야만 비로소 사냥이 되는 것이다.

한 가지 일을 해내면 그 뒤에 좋은 일이 이어진다. 완성품을 직접 눈으로 볼 수 있는 것은 끝까지 해냈을 때뿐이다. 주위로부터 실력을 인정받아 의뢰도 들어오고 명예도 따라온다. 무엇보다도 '완수했다'라는 성취감은 인생의 큰 기쁨이자 앞날을 향한 원동력이 된다.

화를 잠재우는 2가지 방법

화는 한번 불타오르면 간단히 끌 수 없다. 걷잡을 수 없이 타오르기 전에 '이성'이라는 물로 끄는 것이 가장 좋다. 그러나 인생에는 화를 내지 않으면 안 되는 순간들이 있다. 그럴 때에도 이성의 일부를 남겨두도록 평소부터 마음을 단련해두어야 한다.

화를 낼 때는 더욱 신중함을 잊지 않도록 한다. 첫 번째는 '지금 화를 내는 것은 평소의 내가 아니다, 일시적인 광기를 지닌 인간이다'라고 자신을 객관화하는 것이다.

두 번째는 화가 치밀어 올라도 '반드시 출발점으로 되돌아온다'고 자각하는 것이다. 화는 일시적이다. 속도를 줄인 시점에서 바로 되돌아가면 폭주를 멈출 수가 있다.

마음의 핸들을 잘 조정하라

자신에게 불리한 일이 일어나면 분노의 감정이 생긴다. 뜻밖의 행운을 얻으면 기쁨의 감정이 북받쳐 오른다. 감정을 가진 인간이라면 당연한 반응이다.

그러나 절대로 감정에 휩싸여서 행동해서는 안 된다. 자신을 잊어버릴 정도로 감정적으로 폭발한 사람은 그 결과를 고스란히 책임져야 한다. 무방비 상태의 자신을 세상에 드러내는 것은 너무 위험하다. 악의를 가진 사람이 그 허점을 찔러서 악용할 수도 있다. 감정에 빠져 이성을 잃어버린 사람은 나중에 큰 위험에 직면하기도 한다.

지혜와 용기는
언제나 통한다

어느 시대를 막론하고 업적을 이루는 사람이 반드시 가지고 있는
것은 무엇일까? 바로 '지혜'와 '용기'다.

지혜란 '눈'과 같으며 지혜가 없다면 암흑세계에서 사는 것과
같다.

용기란 '손'이며 용기가 없다면 아무런 일도 이룰 수 없다.

지혜가 있더라도 용기가 없으면 그저 탁상공론에 지나지 않기 때
문이다. 또 아무리 용기가 있어도 지혜가 없으면 그것은 단순한
만용에 지나지 않기 때문이다.

지혜와 용기가 함께 갖추어졌을 때 당신은 다른 사람으로부터 칭
송을 받는 첫발을 내딛을 수 있다.

확신할 수 없는 계획에
시간 낭비하지 않는다

계획을 세운다면 제일 먼저 검토해야 할 것은 '성공의 가능성'
이다.

완성도를 머릿속에 그려볼 수 있다면 바로 시작해야 한다. 실패
를 두려워해서는 잘될 리가 없다. 또 '아마 잘 될 거야'라는 애매한
마음으로 시작하는 것은 금물이다. 애매한 마음가짐으로 시작하
면 애매한 결과밖에 기대할 수 없다. 도중에 단념할 것이 뻔하다.
아무리 성공률이 높은 계획이라도 모두 성공할 수는 없다. 오히
려 계획이 생각대로 원활하게 진행되는 경우는 드물다. 하물며
확신할 수 없는 계획을 시작하는 것만큼 무모한 일은 없다.

모든 것을
마음에 담아두지 말라

모든 것을 마음에 담아두려는 사람은 삶이 고단해진다. 자신과
관련된 일도, 자신과 관련이 없는 일도 똑같이 세세하게 신경 쓰
면 스스로를 생각의 방에 가두고 고문하는 것과 다름없다. 마음
에 담아두어야 할 것은 나와 관련된 일 그리고 여유다. 다른 것은
그저 듣고, 보고, 잊어버려라. 끝까지 쫓아오는 것은 쓰레기통으
로 던져버려라. 그렇게 하면 내가 시간을 들여 바라보아야 할 나
자신의 일이 명징하게 떠오른다. 그것만 해결하면 마음에 남는
것은 여유다. 그 여유를 만끽하라.

가짜는 절대로
명품이 될 수 없다

수(數)에는 실수와 허수가 있다. 사업에도 실업과 허업이 있는 것과 마찬가지로 인간에게도 '실(實)의 사람', '허(虛)의 사람'이 있다. 기초를 확실히 다지고 노력해서 구축한 것은 어지간한 일로는 허물어지지 않는다. 이것이 '실의 사람'의 정체다.

'허의 사람'이란 거짓된 인생을 살고 있는 사람을 가리킨다. 기초도 없으면서 있는 것처럼 행세한다. 하지 못하는 부분은 위장해서 속인다. 거짓이 들통날 것 같으면 더 큰 거짓으로 속인다.

이런 행동을 계속하면 언젠가 도금이 벗겨져서 실체가 드러나게 될 것이다. 가짜는 아무리 감추려고 해도 가짜다. 절대로 명품이 될 수 없다.

미리 고민하고
미리 생각하라

현명한 사람은 미리 생각한다. 오늘, 내일, 미래의 일까지도 모두 하나의 고리로 연결된 것처럼 함께 생각한다. 오늘의 고민에 해답을 찾는 것이 내일과 미래에 영향을 준다는 것을 알고 생각하기를 미루지 않는다. 미리 생각해두면 예상치 못한 순간에 나타날 불행의 단초들을 빨리 제거할 수 있다. 베개는 침묵의 예언자다. 다음 날 고민해야 할 일들을 모두 알고 있다. 미리 고민하며 잠드는 날들이 나중에 후회하며 땅을 치는 날들보다 낫다.

내면이 얕으면
대화가 금세 공허해진다

언제나 내면을 갈고닦아라. 그러면 언제 어디서든 은은히 빛날 수 있다. 내면은 무조건 외면보다 깊어야 하는데, 그 반대의 경우가 있다. 외면은 그럴싸하지만 내면은 아주 얕아서 마치 멋드러진 대문을 지나오니 초라한 집 한 칸이 있는 것과 같다. 그런 속 빈 강정과 같은 사람과는 대화를 하면 할수록 공허할 뿐이다. 생각의 샘이 고갈된 곳에서는 아무런 의미도 얻을 수 없기 때문이다.

무지한 인간임을 인정하라

지혜로운 사람은 지혜의 소중함을 알고 있다. 그리고 항상 보다 많은 지혜의 습득을 바라기 때문에 책에서 얻거나 타인에게 조언을 구하는 것도 마다하지 않는다.

무지한 사람은 그러한 자각 자체가 없다. 심지어 '나는 모든 것을 알고 있다'는 자만을 하고 있는 경우도 있다. 그래서 다른 사람에게 가르침을 구하지도 않은 채 언제까지나 무지한 채로 있다.

성장하고 싶다면 먼저 자신이 무지한 인간이라고 인정해야 한다. 그렇게 하면 무엇이 부족한지, 무엇을 배우지 않으면 안 되는지 저절로 알게 된다.

지혜는 나누어야 한다

많은 사람이 '무언가 부족해', '왜 잘되지 않는 걸까?'라는 고민의 해답을 찾고 있다. 여기에 지혜가 있으면 필요한 해답을 필요에 따라 이끌어낼 수 있다. 그러나 누구나 이런 능력을 가진 것은 아니다. 그런 능력을 소유한 사람은 아주 소수다.

그래서 지혜가 있는 사람은 그 지혜를 다른 사람에게도 나누어주어야 한다. 상대가 찾는 것을 냉정하게 지켜보고 알기 쉽고 신중하게 이끌어주면 된다.

한편 지혜를 필요로 하는 사람은 지혜가 있는 사람에게 조언을 구해야 한다. 그것을 열심히 듣고 진지하게 받아들여야 한다. 적절한 지혜를 유효하게 살릴 수만 있다면 반드시 자기 자신을 끌어올릴 수 있다.

양초는 밝게 빛날수록 빨리 꺼진다

대부분 유능한 사람들은 선불리 자신의 재능을 세상에 드러내 보이려고 한다. 하지만 이것이 반드시 행복으로 이어지지는 않는다.

예를 들어, '무엇이든 할 수 있는 사람'이라는 평판이 족쇄가 되어 항상 긴장한 상태로 살 수도 있다. 자칫 실패라도 하면 지금까지의 명성을 한순간에 잃을 수도 있다는 생각에 전전긍긍하기 때문이다. 매번 실수를 범하지 않고 완벽하게 해내면, 그 다재다능함을 비아냥대는 사람도 생긴다. 어쩌면 능력을 타고나지 못한 사람보다 결과적으로 불행할지도 모른다.

능력은 갈고닦는 것이 좋다. 그러나 능력의 전부를 발휘하는 것은 피하라. 지식과 힘은 낭비해선 안 된다. 충분히 능력을 갖추되 적당히 드러내라. 양초는 밝게 빛날수록 꺼지는 순간이 빨리 온다. 재능은 절약해서 소중하게 사용해야만 하는 것이다.

진실을 말할 때도
기술이 필요하다

거짓말은 당연히 좋지 않다. 그렇다고 해서 진실이라면 무엇이든 말해도 좋은가 하면 그렇지도 않다. 이 '진실'이라는 것만큼 다루는 데 주의가 필요한 것은 없다. 진실을 말해도 좋은 경우와 좋지 않은 경우가 있기 때문이다.

진실을 말하는 것은 자신의 속내를 온 세상에 내보이는 것과 같다. 그렇게 해서 자신이 불리해질 뿐 아니라 다른 사람까지 위험에 빠뜨린다면, 진실을 말하지 않는 편이 낫다. 잠자코 있는 것이 거짓말하는 것은 아니다.

하나의 진실일지라도 누군가에게는 견딜 수 없이 쓰고, 누군가에게는 더없이 달콤할 수 있다. 입에 쓴 약을 바로 처방하는 것보다 달콤한 약으로 포장하는 것이 중요하다. 설사 진실일지라도 몇 가지는 비밀로 남겨두는 것이 좋을 때가 있다.

행운 또한
내가 원하는 시점에 취한다

자신의 운세를 자신이 조절할 수 있다는 것은 행복하게 살기 위한 훌륭한 기술 가운데 하나다. 모든 사람의 운은 한 번은 올 때가 있다. 끈기 있게 운이 자신을 향하는 때를 기다리는 것도, 기회를 타서 마음껏 운을 이용하는 것도, 모두 이 '기술'이다. 한 차례 행운의 도래를 가늠했다면, 망설이지 말고 용기를 가지고 맹렬히 돌진한다. 반대로 운이 없다고 생각되면, 아무것도 하지 않고 그저 침착하게 조용히 있는 것이 좋다. 단, 행운의 여신은 변덕이 심하다. 나의 때를 가늠하고 대응하는 지혜를 지니고 있어야만 한다.

위대한 사람들을
목표로 삼아라

자신이 아는 인물 중에 최고로 위대한 인물을 모범으로 삼고, 그 인물에게서 항상 자극을 받아서 스스로를 독려해야 한다.

그런 존경할 수 있는 사람이 있다는 것만으로도 큰 행운이다.

'저 사람처럼 되고 싶다'라고 생각하면 의욕과 투쟁심이 솟아난다. 별로 공들이지 않고 인생의 목표를 손에 넣은 것과 같다. 목표를 잃어버리지 않는 한, 뜻은 쇠하지 않는다.

알렉산더 대왕이 아킬레스를 생각하고 눈물을 흘린 것은 그의 운명을 동정했기 때문이 아니라, 자신의 명성이 아직 아킬레스의 명성에 이르지 않았기 때문이었다. '그와 같은 명예를 얻고 싶다'고 생각하면 계속해서 노력한다. 불안이나 불만, 나약한 질투심 등이 끼어들 여지가 없어진다.

항상 '만약'을 생각하라

인생에는 '반드시 일어나는 일'과 '혹시 일어날지도 모를 일'이 있다.

이 중에 '혹시 일어날지 모르는 일'에 항상 신경을 쓰는 것이 중요하다. 시대의 흐름을 예측하고 자신이 걸어갈 여정에서 만나는 사람들의 행동이나 생각을 예측한다. 이렇게 하고서야 자신이 취해야 할 행동을 결정할 수 있다. 어떤 때라도 '예측하는 일'을 게을리해서는 안 된다.

작은 말실수가
큰 위험의 단초가 된다

한번 입에 담은 일은 결과를 내지 않으면 안 된다. 한 말을 실행하지 않으면 거짓말쟁이라는 꼬리표가 붙는다. 그래서 할 수 없는 약속은 해서는 안 된다. 침묵이야말로 '금'이다.

하지만 침묵을 지키는 것은 쉽지만은 않다. 누군가 남의 입을 열기로 마음먹었다면 그렇게 하기 위해 갖은 수를 쓸 테니 말이다. 이런 일들에 흔들리지 않고 자신의 감정을 억제할 수 있으면 쓸데없는 발언으로 스스로를 궁지로 모는 일은 없을 것이다.

가벼운 사람일수록 말이 많다. 말 많은 정치가일수록 실언도 많다. 수다는 정신의 빈곤함, 이성의 불건전함을 증명한다. 자신의 혀조차 제어하지 못하는 것은 어리석음의 증거다.

현명한 사람은
다양한 무기를 사용할 줄 안다

복잡한 세상을 살아가면서 길을 개척하기 위해서는 빈손이어서는 불안하다. 어떤 상황에 처하거나 어떤 적과 조우해도 대처할 수 있는 자신만의 무기가 필요하다.

이때 가장 성능이 좋은 무기는 '판단력'이다. 예리한 판단력이 있으면 먼 길을 돌아가서 시간이나 체력을 낭비하지도 않으며, 사전에 위험을 피할 수도 있다.

현명한 사람은 다양한 무기를 능숙하게 사용한다. 때와 장소를 잘 헤아리는 '유연성'이라는 무기, 적조차 회유할 수 있을 정도의 '기지'라는 무기, 다른 사람을 자신의 편으로 만드는 '우아함'이라는 무기……. 이런 무기를 몸에 갖추고 있으면 두려울 것이 무엇이랴.

명예는 스스로 얻는 것이기에
더 아름답다

명예는 인위적인 것이 아니라 스스로 얻어지는 것이다. 명예의
신이 추구하는 것은 언제나 비범함을 보이는 것, 기괴하고 신비
로운 것, 기적을 불러들이는 것, 박수의 대상이다. 명예는 시간이
지난 후에 훈풍을 타고 잔잔하게 다가온다. 세상에서 오래도록
불멸로 남는다는 자체만으로도 명예는 아름답고 숭고하다.

나만의 북극성을 찾아라

사람은 저마다 가진 재능이 다르지만 그 사람의 운세가 시기나 장소, 지위 등의 상황을 결정한다. 장인으로 성공하거나, 학자로 이름을 알리거나, 자국에서는 출세하지 못하지만 외국에서 괄목할 만한 역량을 발휘하는 경우가 있다.

따라서 자신의 재능은 어디에 있는가를 아는 것과 동시에 그 재능을 살릴 수 있는 운세를 아는 것이 중요하다. 운세는 여행자에게 방향을 결정하는 북극성이기 때문에 잃어버려서는 안 된다. 자신의 운세를 알기 위한 북극성은 어디에 있는지, 열성을 다해 찾아야 한다.

트릭이 알려진 마술은
누구도 보려 하지 않는다

정말로 재능이 있는 사람은 자신의 재능을 과시하지 않는다. 오히려 다른 사람의 눈에 띄지 않도록 감춘다. 왜냐하면 자신이 먼저 내세우지 않아도 다른 사람이 칭찬해주기 때문이다.

'나는 대단해', '뛰어난 재능을 가지고 있어'라고 태도나 말로 자랑하면 틀림없이 주위의 비웃음을 산다.

작은 장점을 뛰어난 재능인 것처럼 과시하는 것도 금물이다. 그것은 마치 트릭이 발각된 마술을 연출하는 것과 같아 다른 사람의 눈에는 코미디로밖에 보이지 않는다. '트릭이 발각된 마술'은 누구도 보려고 하지 않는다.

실제로 하지 않으면
망상일 뿐이다

무엇에도 만족하지 못하는 사람은 불행하다.

'이것을 가지고 싶다', '이것을 하고 싶다'라고 생각은 하지만 그렇게 하기 위한 노력은 하지 않고, 항상 불평불만을 늘어놓는다. 세상 탓을 하거나 때로는 자기혐오에 빠져서 무의미한 일상을 보낸다. 실제로 노력하지 않으면 모든 것이 망상일 뿐이다.

현명한 사람은 이런 망상으로 시간을 보내지 않는다. 자신을 객관적으로 응시할 수 있기 때문이다. 지금 무엇을 해야 원하는 것을 이룰 수 있는지 냉철하게 파악하고 현실적인 목표를 세운다. 자신에게 도움되지 않는 망상이나 기분에 브레이크를 걸 수 있다.

시작보다 마무리가 중요하다

언제나 마무리를 잘하라. 사람들은 시작보다 마무리를 기억한다. 시작할 때 저절로 행운이 따랐다면 마지막까지 그것을 가지고 가는 것은 나에게 달려 있다.

시작할 때는 대체로 다들 박수와 응원을 보낸다. 마지막에 더 큰 박수와 환호를 받으며 행복한 퇴장을 하려면 눈앞의 것이 아니라 멀리 내다볼 줄 알아야 한다.

더없이 큰 행운조차도 마지막에 와서야 그것이 가면을 쓴 불운이 었는지 판가름나는 것이다.

사람에게도 제철이 있다

음식에는 '제철'이 있다. 제철인 음식은 맛있을 뿐 아니라 사람의 몸에도 좋다.

제철 이전에는 아직 익지 않아서 뭔가 부족하다. 제철이 지나면 너무 익어서 맛이 떨어진다. 일반적으로 '제철'은 10일 정도밖에 되지 않으니 아주 짧다. 그 시기를 놓치지 말고 먹어야만 본래의 맛을 즐길 수 있다.

비단 먹을 것만 그런 것이 아니다. 모든 것에는 '제철'이 있다. 사람도 마찬가지다.

'정신의 과실'에도 성숙의 계절이 있다. 중요한 것은 그 계절을 알고 수확하는 것이다.

인생 후반전을 준비하는 태도

편안함을 먼저 취하고 고생을 뒤로 미루는 사람이 많다. 그러나 젊었을 때 편안함만 찾으면 인생의 후반은 비참해진다. 젊었을 때 손쉽게 넘어 다니던 언덕도 나이를 먹고 체력이 떨어지면 넘기 어렵다.

고생이라는 것은 경험을 쌓는 것이다. 고생해서 새로운 지식을 얻거나, 기술을 배우거나, 계속해서 수련을 하면 자신의 가능성을 넓힐 수 있다. 바로 행복해지기 위한 준비를 하는 것이다.

젊었을 때 고생하는 편이 좋을까, 아니면 나이를 먹고 나서 고생하는 편이 좋을까? 인생은 물론 시간에 있어서도 계획적, 전략적이어야 한다.

내 삶에
행운을 불러들이는 방법

행운이 따르는 사람을 보면 100% 우연인 경우가 없다. 흔히 우리는 어느 날 갑자기 하늘에서 행운이 뚝 떨어지기를 바라지만 정작 행운이 따르는 사람은 따로 있다.

매일 부단히 노력하고 지혜를 쌓아가는 사람, 모든 것이 준비된 상태에서 행운이라는 마지막 퍼즐을 끼워 넣을 수 있는 사람에게 따른다. 누구나 자신의 지혜만큼 행운을 얻는다. 그것이 바로 행운의 규칙이다.

매일 불사조처럼
새로 태어나라

아무리 뛰어난 재능도 시간과 더불어 퇴색해간다. 솜씨를 뽐내던 수완도 시간이 지나면 빛바래간다. 그리고 드높던 명성도 하루하루의 흐름과 더불어 과거의 것이 되어간다.

낡아빠진 자신에게 언제까지나 미련을 두고 집착해서는 안 된다. 어서 빨리 탈피해서 새로운 자신으로 다시 태어나야 한다.

불사조는 수백 년에 한 번, 스스로 향나무를 쌓아 일으킨 불꽃에 몸을 던져서 젊고 싱싱한 모습으로 다시 태어난다고 한다.

불사조처럼 완전히 새로운 자신을 재생하는 삶의 방식을 배워야 하는 것이다.

사람을 얻는 지혜

초판 발행   2023년 2월 27일

지은이   발타자르 그라시안
펴낸곳   다른상상
등록번호   제399-2018-000014호
전화   02)3661-5964
팩스   02)6008-5964
전자우편   darunsangsang@naver.com
ISBN   979-11-90312-77-6 03190

이 책은 『삶의 무기가 되는 한마디』의 내용을 포함하고 있습니다.

독자 여러분의 책에 관한 아이디어나 원고 투고를 설레는 마음으로 기다리고 있습니다.
이메일로 간단한 개요와 취지, 연락처를 보내주세요. 독자님과 함께하겠습니다.